Dag vreemde man
Over partners met autisme

Bij EPO verschenen eveneens:

Dit is de titel. Over autistisch denken
Peter Vermeulen
Brein bedriegt. Als autisme niet op autisme lijkt
Peter Vermeulen
Een wereld te wijd
Annie Van Keymeulen
Ik ben mijn eigen mens
Annie Van Keymeulen
Zin in waanzin. De wereld van schizofrenie
Marc De Hert [red.]
Dichtbij en toch veraf
Marc De Hert, Geerdt Magiels e.a.
Het geheim van de hersenchip [strip]
Marc De Hert, Geerdt Magiels & Erik Thys
Dubbeldiagnose. Als verslaving en psychische problemen samengaan
Geert Dom [red.]
Genetica, erfelijkheid en ideologie
Richard C. Lewontin e.a.
Het brein. Honderd jaar na Freud
Geerdt Magiels

Veerle Beel

Dag vreemde man

Over partners met autisme

EPO

Omslagontwerp: Compagnie Paul Verrept
Vormgeving: EPO
Druk: drukkerij EPO

EPO Lange Pastoorstraat 25-27
2600 Berchem
Tel: 32 (0)3/239.68.74
Fax: 32 (0)3/218.46.04
E-mail: uitgeverij@epo.be

Vlaamse Dienst Autisme
Groot Begijnhof 14
9040 Gent
Tel: 09/238.18.18
Fax: 09/218.83.83
E-mail: VDA@autisme-vl.be
http://www.autisme-vl.be

Isbn 90 6445 206 7
D 2000/2204/31
Nugi 711

Verspreiding voor Nederland
Centraal Boekhuis BV Culemborg

Dit boek kwam mede tot stand
met de steun van het Fonds Pascal Decroos.
Het fonds reikt werkbeurzen uit aan
bijzondere journalistieke projecten.
Info: tel. 02/705.59.19, fax 02/705.59.29
E-mail: koen.vanwichelen@fondspascaldecroos.com
Website: www.fondspascaldecroos.com

Titel ontleend aan het gelijknamige
liedje, geschreven door Mary Boduin

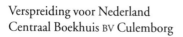

Inhoud

Voorwoord

Al in 1943 merkte Leo Kanner, de kinderpsychiater die autisme voor het eerst beschreef, onder de ouders van kinderen met autisme enkele vreemde figuren op. Van toen af zocht men jarenlang verkeerdelijk de oorzaak van autisme in de opvoeding. Toch zat Kanner er dichter bij dan hij wellicht zelf vermoedde, want autisme blijkt in hoge mate erfelijk en in de jaren tachtig opperde men al het idee dat sommige ouders van een kind met autisme diezelfde stoornis hadden. Toch stuiten partners van een persoon met autisme – anno 2000 – nog steeds op een berg onbegrip en ongeloof. Autisten kunnen nu eenmaal niet trouwen, zo wordt beweerd. Wie praat of schrijft over de problematiek, waagt zich op glad ijs. Net als de ouders van kinderen met autisme veertig jaar geleden, verenigden partners van een persoon met autisme zich. Veerle Beel ging op pad en interviewde een aantal van die partners. Hun getuigenissen vergden veel moed, want in tegenstelling tot ouders hebben partners geen alibi. Een kind kies je niet, een partner wel.

Dag vreemde man verhaalt over onmacht en pijn. We lezen een relaas waarin men autisme na zestig jaar wetenschappelijk onderzoek nog altijd niet echt begrijpt, noch tijdig onderkent. De partners in dit boek zijn niet bedrogen door hun man of vrouw, maar door het autisme. Autisme is en blijft een vreemde stoornis. Nog steeds hebben een aantal 'vreemde mannen' in dit boek geen officiële diagnose gekregen.

Dit boek vraagt ook durf van de lezer: om de verhalen op hun echtheid te nemen en niet op hun sensatiewaarde, om de getuigenissen niet op een autistische wijze te lezen door er details uit te halen en daardoor van elke man een vreemde man te maken. En zo kan de lezer kennismaken met een vreemde relatiecultuur die haaks staat op het niet-autistische verlangen naar wederkerigheid.
Dag vreemde man is een gewaagd boek. Het getuigt van moed en durf.

Peter Vermeulen
Auteur, gezinspedagoog en autismedeskundige bij de Vlaamse Dienst Autisme

Inleiding

Partners ernstig nemen

Twintig jaar geleden was het populaire beeld van autisme nog dit: een jongen met flapperende handen die oogcontact ontwijkt en amper praat. Maar sinds een jaar of tien kan autisme ook een kind zijn dat intelligent en rad van tong is, en alleman te vriend heeft. Zulke kinderen worden er in Vlaanderen en Nederland steeds meer ontdekt. Ze krijgen al dan niet een aangepaste begeleiding en groeien op. Tot welk soort volwassenen?
Vlaamse wetenschappers buigen zich sinds kort als eersten in de wereld over de doelgroep: normaal- tot hoogbegaafde volwassenen met autisme. Waarom zijn ze zo lang onzichtbaar kunnen blijven in een niet-autistische samenleving? Welke trucs gebruiken ze om hun 'handicap' te omzeilen? Welke strategieën ontwikkelden ze om te overleven? Hoeveel moeite kost hun dat?
Elk antwoord roept nieuwe vragen op. Als autisme nu opduikt in intieme relaties, waarom werd dat dan vroeger nooit opgemerkt? Hadden onze ouders en grootouders andere verwachtingen van hun huwelijk? Verlangden ze niet zozeer naar intimiteit, als wel naar financiële zekerheid en stabiliteit? Of is het de samenleving die veranderd is? Meer stress op het werk, meer impulsen van alle kanten, meer informatie via een uitgebreid medianetwerk, waardoor mensen met autisme eerder afhaken dan vroeger?

Mensen met autisme houden niet van te veel prikkels en evenmin van al te plotselinge veranderingen. Nou, pech gehad dan. Want vandaag is 'flexibiliteit' de norm.

Is autisme een handicap? Natuurlijk wel, vaak. Maar soms ook niet: uit de getuigenissen in dit boek blijkt dat sommige mensen met autisme hun plek in de samenleving hebben gevonden. Ook zonder erkenning en professionele begeleiding leiden ze het best mogelijke leven. In veel van die gevallen staat of valt alles met hun levensgezel(lin). Aangezien autisme veel vaker bij mannen voorkomt (acht keer op de tien, zoals ook ongeveer in dit boek), zijn de partners meestal vrouwen. Zij zijn het die de kwestie naar boven hebben gespit.

Enkele moeders van kinderen met autisme herkenden immers in hun man het starre denken, de onhandigheid en de naïviteit van hun kind. Ze polsten voorzichtig bij artsen en andere hulpverleners: 'Zou het kunnen dat hij ook...?' Meestal kwam die vraag als een boemerang in hun gezicht terug: waren zij niet autoritair, bazig en veeleisend? Vijf jaar geleden besloot de Vlaamse Vereniging Autisme (VVA) hun een kans te geven: ze bracht die moeders bijeen. Twee jaar geleden werd ook in Nederland met zo'n partnergroep gestart.

'Met bibberende knieën zijn we eraan begonnen', zegt Cis Schiltmans, die de partnergroep begeleidt. 'Het was gewaagd terrein. Want tot die tijd ging de hulpverlening ervan uit dat mensen met autisme niet tot relatievorming in staat waren en dus nooit zouden trouwen. Nergens was informatie over getrouwde autisten te vinden. De afwijzing waarop die partners stuitten, vertoonde opvallende gelijkenissen met de verwijten die moeders vroeger naar hun hoofd geslingerd kregen. Dertig jaar geleden werden die ook met de vinger gewezen.'

De eerste groepsbijeenkomst van de partners was overweldigend, herinnert Cis zich. 'De herkenning was totaal, ook al ging het om telkens andere levensverhalen. Men herkende elkaar in de wetenschap dat de autistische partner niet van kwade wil was in al zijn onhebbelijkheden. Daarom is het voor deze vrouwen ook zo moeilijk om de relatie te beëindigen: "Hij kan er immers zelf niets aan doen?" Allemaal zeiden ze dat ze van hun autistische kind meer konden verdragen dan van hun autistische man. Ze ervoeren een groot tekort aan intimiteit in hun relatie, dat ze als "hopeloos" bestempelden. En allemaal waren ze erg bezorgd om hun man: "Als ik hem in de steek laat, redt hij het niet in zijn eentje." Zij zijn de spil waar het hele gezin al of niet rond functioneert. Ze kunnen die verantwoordelijkheid niet met hun partner delen. En op begrip van de buitenwereld kunnen ze maar zelden rekenen!'

Vijf jaar later maakt dat onbegrip plaats voor behoedzame erkenning, ook in de professionele wereld. Men ziet nu in dat autisme het best wordt waargenomen door mensen die met de persoon in kwestie samenleven. De intieme relatie vergroot de handicap autisme uit. Dat betekent niet dat alle partners in dit boek een duidelijke diagnose voor hun man of vrouw hebben gesteld gekregen.

Sommige zijn nog vertwijfeld op zoek, of piekeren over de vraag of een diagnose zinvol zou zijn. Het betekent evenmin dat iedere lezer van dit boek, die zich in een van de getuigenissen herkent, meteen een zelfdiagnose over zijn of haar partner kan stellen. Laat dit een waarschuwing zijn: voor een pilletje moet je ook eerst naar de dokter.

Cis Schiltmans weet dat deze partnergroep door de professionele hulpverlening nog altijd met argusogen bekeken wordt. Zij vindt dat onterecht. 'Een zelfhulpgroep als deze heeft wel degelijk een functie. Het is de enige plek waar partners eens vrijuit kunnen spreken, zonder zichzelf te censureren. Het gaat om "hun" waarheid, en die heeft ook haar rechten. De afspraak is dat niets buiten de groep wordt doorverteld. Ik geloof nogal in de zelfregulerende kracht van zo'n groep: mensen komen en gaan en haken weer af als hun behoefte aan ondersteuning beantwoord is. Wie zich aansluit omdat zij op zoek is naar een stok om de hond te slaan, ervaart snel dat die houding door de groep niet geaccepteerd wordt. De bijeenkomsten drijven op respect voor de niet-aanwezige partners met autisme.'

Cis heeft alle gesprekken gevolgd die tot dit boek hebben geleid. Het gaat om elf interviews, waarvan acht met een vrouw, twee met een man en één met een echtpaar van wie de man autisme heeft. Negen keer zijn het Vlamingen, twee keer Nederlanders. De verhalen zijn echt, maar de namen en details zijn dat niet altijd. Cis kende de meeste gesprekspartners en hun verhalen van vroegere ontmoetingen.
'Toch keek ik er opnieuw van op hoe ver die vrouwen en mannen gaan in hun zelfopoffering en hoezeer ze hun eigen grenzen laten overschrijden door een partner die veel inzet vraagt, maar weinig teruggeeft. Geen wonder dat veel partners zelf een depressie of een burnout nabij zijn. Zij leveren bewust of onbewust de ondersteuning die een persoon met autisme nodig heeft om overeind te blijven in het leven. Vele zouden zelf wat extra ondersteuning kunnen gebruiken. Of toch minstens een luisterend oor. Je verweren tegen onbegrip kost immers hopen energie, die deze partners beter kunnen opsparen voor de moeilijke situatie thuis.'
Valt er te leven met een partner die autisme heeft? De vraag wordt in dit boek op erg uiteenlopende wijze beantwoord. Autisme is geen statisch ziektebeeld, maar een ontwikkelings-

stoornis die zich anders uit naargelang van de leeftijd en de context. Gedrag dat door de een extreem en onaanvaardbaar wordt geacht, kan voor de ander nog net door de beugel. Sommige mensen leren juist door hun autistische kind begrip op te brengen voor het autisme van hun partner. Er is niets onmenselijks aan autisme, niets wat een ander in bepaalde omstandigheden niet ook zou kunnen doen. Hoe leefbaar dat is, kan door buitenstaanders niet worden beoordeeld.

'Dag vreemde man': zijn er dan geen vrouwen met autisme? Toch wel, maar jongens en mannen zijn veruit in de meerderheid. Bij het liedje van de betreurde Vlaamse zangeres Ann Christy, waaraan de titel van dit boek is ontleend, kun je je afvragen wie die 'vreemde man' toch was. Die 'man van haar dromen' en toch een 'haast onmogelijke vent'.
Was het een man als die van Trees, die liever de tv aanzette dan een praatje te maken en niet weet van welke kleren ze houdt? Of een man als die van Phara, die steevast vergeet een cadeau te kopen en zijn eigen cadeaus ongeopend terzijde schuift?
'Man van mijn leven', zong de Vlaamse diva in dat liedje. Ook dat heb ik gehoord in de gesprekken die tot dit boek hebben geleid. Hoeveel pijn het doet om van iemand te houden met wie je geen vanzelfsprekende relatie hebt. De tekstschrijvers zullen het wel niet zo bedoeld hebben. Wellicht mikten ze in 1972 nog simpelweg op het stereotype van de ongevoelige macho. Maar ik doe even alsof dat zuurzoete liedje toen is geschreven met autisme in gedachten.

Dag vreemde man,
dag vreemde vrouw,
waar ben je nou?
Ik hou van jou.

'Ik ging eraan kapot'

Mieke is halfweg de veertig en al vier jaar gescheiden van Johan. In hun elfjarige huwelijk hield zij de touwtjes in handen. Moest ze wel, want Johan kon het allemaal verbazend goed uitleggen, maar bracht van die theoretische talenten nagenoeg niets in praktijk. Beloftes, beloftes, en toch bleef alles altijd bij het oude. Voor de buitenwereld is *zij* de zondebok. Hoe uitleggen wat het betekent met een man met autisme samen te leven? Wanneer ze concrete voorbeelden geeft, van hoe en waar het misliep, stuit ze op onbegrip: 'Die van mij doet dat soms ook, hoor!'
Maar in het Nederlandse Leiden waren ze er zeker van: Johan lijdt aan het Aspergersyndroom, wat zoveel is als autisme bij mensen die normaal- of hoogbegaafd zijn. Hij is erg slim, zegt Mieke. Een IQ van 133. Op het eerste gezicht kun je niets aan hem zien. Maar zij kon er niet meer mee leven.
'De professor in Nederland zei dat wij beter uit elkaar konden gaan als ik nog wat van mijn leven wou maken. Misschien kunnen andere vrouwen het wel. Of ze houden het vol vanuit een geloofsovertuiging. Maar voor mij was die opgave te zwaar. Ik was opgebrand.'
Tijdens de lange rit naar huis, vanuit Leiden, heeft ze de hele tijd gehuild. Johan? 'Die bleef maar doorgaan over hoe weinig oppervlaktewater ze in Nederland hebben!' Johan ging apart wonen, maar Mieke doet nog altijd zijn was. Samen hebben ze twee tienerzonen, die geen autisme hebben.

Je ex-man behoort met zijn diagnose tot een minderheid: de meeste normaal functionerende volwassenen met autisme die

geen autistische kinderen hebben, worden niet als zodanig herkend. Hoe zijn jullie de stoornis bij Johan op het spoor gekomen?
'Heel lang al voelde ik dat er iets schortte, maar ik kon het niet vatten. Mijn zus had het eerder door dan ik, omdat zij werkt met mensen met autisme. Ik ben tijdens mijn huwelijk heel vaak bij haar gaan uithuilen. Dan pepte ze me wat op en waren we weer voor een paar weken vertrokken. Nu nog vertelt ze me incidenten van toen, die ik al lang vergeten ben. Ik moet wel vergeten. Je mag daar niet stil bij blijven staan, of je komt het nooit te boven.'

Van daar naar een diagnose is nog een hele stap.
'Tijdens een feest op haar werk vroeg mijn zus aan een autismebegeleider of hij eens goed op Johan wou letten. Want al die incidenten hadden haar aan het denken gezet. Maar de begeleider zag niets, zei hij. Pas toen die man bij ons thuis op bezoek kwam, gingen zijn ogen open. En daarna zijn we naar Leiden gegaan.
Zonder mijn zus had ik het dus nooit geweten. Dan waren we nu vast ook wel gescheiden. Maar dan was ik met een enorm schuldgevoel blijven zitten, omdat ik geloofd zou hebben dat ik tekort was geschoten. En ik ervan zou overtuigd zijn geweest dat Johan kwaadaardig is in al zijn onhebbelijkheden en in de wijze waarop hij me emotioneel verwaarloosde. Nu weet ik dat dat juist zijn handicap is.'

Geef eens een paar voorbeelden.
'Ik mocht zijn tandpasta niet gebruiken, want ik kneep niet goed in die tube. Ik hing zijn washandjes en handdoeken niet in de juiste volgorde. Bij het afwassen moest ik de vaat altijd op dezelfde manier rangschikken in het droogrekje. Nu heb ik zo'n plezier als ik het er allemaal in mag *smijten*.

Hij schreef met een stift een H, van "hoofd", en een V, van "voet", op de uiteinden van het dekbed, om te voorkomen dat ik het zou omdraaien: dat mocht niet! Ik begreep dat niet en hij kon het niet uitleggen. Ik mopperde altijd dat hij moest leren relativeren. Hij was zo betuttelend! Nooit deed ik iets goed. Mijn zelfvertrouwen slonk weg.
Maar in wezen is het moeilijk om autisme uit te leggen aan de hand van zulke praktische voorbeelden. Ik heb het al dikwijls geprobeerd als mensen uit mijn omgeving mij om uitleg vragen. En altijd *pakken* ze me daarop. "Dat doet die van mij ook wel eens!" of "Zo ken ik er nog". Je kunt als partner van een persoon met autisme maar op heel weinig begrip rekenen. Bij een overlijden leeft iedereen met je mee. Terwijl ik toch ook een soort rouwproces heb doorgemaakt.'
'Ik denk dat de meeste mensen nog te veel dat beeld van vroeger voor ogen hebben: zo'n jongen met flapperende handen en een mentale achterstand. Dat er normaal- en hoogbegaafden zijn met autisme, dat gaat er nog niet in. Omdat je de handicap bij hen niet zíet.'

Johan heeft een hoog IQ. Heeft dat je om de tuin geleid?
'Ach. Bij een eerste kennismaking kan hij ongelooflijk interessante discussies aangaan. Hij heeft een erg brede belangstelling: politiek, astronomie, auto's, motoren, het heelal, raketten. Hij verzamelt daar krantenartikels over, die hij altijd in zijn portefeuille heeft. Daar kan hij op terugvallen in gesprekken. Zoiets maakt op velen indruk. Maar hij weet nooit van ophouden. Hij voelt dat niet aan. Wat maakt dat niemand graag een tweede keer bij hem aan tafel belandt.
Bovendien weet ik nu dat hij die informatie oppikt van elders, en ze reproduceert. Dat deed hij ook in de geweldig mooie brieven die hij me stuurde tijdens onze verloving. Hij

was toen bij het leger, we zagen elkaar maar eens om de twee weken. Ik was elke keer ondersteboven van zo'n brief.
Hij kan bijvoorbeeld ook alles uitleggen over motoren, zijn nieuwste passie. Hoe je zo'n ding uit elkaar haalt en weer in elkaar steekt. Dat is puur theorie, hoor. Hij zou het nooit kunnen, want hij is absoluut niet handig. Klussen duren bij hem twee keer zo lang en nog zijn ze dan niet af.'

Hoe is zijn jeugd verlopen?
'Toen zijn moeder de diagnose vernam, zei ze: "Ik heb altijd geweten dat er iets was." Een moeilijke jongen. Elk jaar moest hij van school veranderen. Tot hij in een internaat terechtkwam. Dat ging beter, omdat het schoolleven er volgens een vaste structuur verliep. En zijn broer heeft me verteld dat hij soms zo kwaad kon worden dat, als hij met de deur smeet, de lijst van de muur viel.
Toen ik hem leerde kennen, was Johan beroepsmilitair in Duitsland. Ik ben nooit met hem meegegaan, ook niet nadat we getrouwd waren. Hij pendelde. Klaagde dat hij veel opmerkingen kreeg en zijn job niet graag deed. Je hoort zoveel over het leger vertellen. Ik dacht dat het wel beter zou gaan als hij van werk veranderde. Eerst werd hij chauffeur. Een ramp! Hij kan goed autorijden, maar het verkeersreglement is een obsessie voor hem. Als hij een overtreder ziet, wordt hij helemaal wild. Dan begint hij druk met zijn lichten te flitsen. Hij noteert de nummerplaat en waarschuwt de rijkswacht. Of, wat erger is, hij gaat er zelf achteraan en rijdt dan zo snel en zo gevaarlijk dat je er bang van wordt. Ik ben ooit uit de auto gestapt omdat ik er niet tegen kon.
Bovendien kreeg hij zijn werk niet af. Als hij op vijf adressen langs moest, deed hij er die dag maar twee. Zonder verklaring. De baas boos, en ik moest thuis voor hem een excuusverklaring

opstellen. Had hij in de file gestaan? Sleutel vergeten? Hij haalde enkel zijn schouders op. Zo heb ik hem dikwijls uit de nood geholpen. Nu werkt hij in een archief, waar hij mapjes ordent. Dat gaat hem nog het beste af. Zijn baas weet van niets.'

Je sprak daarnet over emotionele verwaarlozing.
'Dat is veel erger dan die praktische problemen die ik al noemde. Die tandpasta, die handdoeken: dat valt allemaal op te lossen door toe te geven aan zijn eisen. Ik had het veel moeilijker met zijn gebrek aan spontaniteit en inlevingsvermogen. In een intieme relatie mag je die toch verwachten. Hij weet niet eens welke kleren ik draag en welke kleuren ik graag zie. Ik vind dat nochtans belangrijk. Het toont aan dat je oog hebt voor elkaar. Op mijn verzoek gingen we ooit samen stijldansen. Het eerste jaar, dat ging. Maar vanaf het tweede werd het te ingewikkeld voor Johan en haakte hij af. Hoewel hij veel ritme in zijn lijf heeft. Hij heeft daar aanleg voor, maar hij heeft dat helaas nooit tot ontwikkeling gebracht. Ik vond het ook vervelend dat hij na dat dansen thuis meteen de tv aanzette. Niet dat hij van kwaaie wil is. Telkens als ik het uitlegde, beloofde hij me om de tv uit te laten "na de dansles". Maar op de andere avonden bleef hij het toestel wel steevast aanzetten. Alleen "na de dansles" liet hij de tv uit. Formele afspraken kan hij naleven. Maar aanvoelen wanneer ik eens zin had in een babbel, nee, dat was te veel gevraagd.'

Heb je daar vanaf het begin van je huwelijk onder geleden? Of ervoer je het toen anders?
'Als je maar met z'n tweeën bent, ben je erg op elkaar gericht. Met de geboorte van onze zoons werd het samenleven chaotischer. Vooral voor mij. Ik moest mijn aandacht over twee, en later over drie, verdelen. Hij is heel slecht in organiseren. Dat

heb ik bij zijn verhuizing na onze scheiding weer eens gezien. Zijn spullen inpakken kon hij niet. Maar ze uitpakken is nog veel erger! Die dozen staan er nog.
Al dat georganiseer kwam op mijn schouders terecht. Nu nog altijd. Ik blijf voor hem zorgen. Om de twee weken doe ik zijn was. Het hokje waar zijn wasmachine moet komen, staat nog vol met andere spullen. Ik stel zijn menu samen, zodat hij weet wat hij moet klaarmaken. Anders eet hij elke dag ravioli. Maar ik vind het niet erg om dat te blijven doen. Mijn zus en haar vriend hebben een deel van de begeleiding van mij overgenomen. Dat is mijn geluk: de emotionele last is niet meer enkel en alleen voor mij.
Al durft hij mij wel bellen op mijn werk voor een afspraak met de tandarts. Laatst belde hij me middenin een vergadering. "Pas op als je straks naar huis rijdt, want er is een ongeval gebeurd en er staat een lange file." Hoe attent, denk ik dan. En daarna komt het: dan wil hij iets van me hebben. Hij is erg goed in beleefdheidsformules. Ik moet dan raden wat erachter schuilgaat.'

Vind je het erg voor hem, dat hij autisme heeft?
'Ja, dat is erg. Maar hij heeft er niet zoveel last van als de mensen om hem heen. Hij zou nu nog direct terugkomen als ik zou zeggen dat het mocht. Onlangs bracht hij me een cadeau voor onze huwelijksverjaardag. En we zijn vier jaar gescheiden! Dan staat hij voor mijn deur en wil ik hem niet kwetsen, maar ik wil het ook niet aanvaarden. Moeilijk, hoor.'

Dus hij kan wel zijn gevoelens uiten?
'In die etiquette, ja. Erg conformistisch. Hij is de man die op het werk een collecte houdt om bloemen op het graf te leggen van een overleden collega.

Maar toen hij mij in de kraamkliniek moest afhalen, en ik hoge koorts had en zo snel mogelijk thuis wilde zijn, had hij de auto helemaal met slingers versierd. Hij kwam daardoor een uur te laat en moest tergend langzaam rijden om die slingers niet kwijt te spelen! Alweer: hij voelde niet aan hoe het toen met me ging.
En of we er nu veel over praatten of niet, het haalde allemaal niets uit. Ondanks zijn beloftes bleef alles bij het oude. Het was altijd de schuld van een ander. Ik zou hem erom zijn gaan haten als we bij elkaar waren gebleven. Omdat ik altijd weer vaststelde dat ik niet begrepen werd, dat ik geen respons kreeg, geen schouder had om op uit te huilen. Ik ben een mens dat daar veel behoefte aan heeft. Juist die warmte kon ik bij Johan niet krijgen. Ik voelde me zo machteloos in die relatie. Hij haalde me soms het bloed vanonder mijn nagels. Dan ging ik rondjes rijden met de auto en wanneer ik terugkwam, zat hij doodleuk voor de tv: "Leuk ritje gemaakt?" Om van achterover te vallen! Ik geloofde meer en meer dat hij me koeioneerde. Wanneer ik ruzie wilde maken, draaide hij zich doodleuk om en vergat het. Het glijdt allemaal van hem af.
Daarom was de diagnose zo'n opluchting. Ik kon de dingen eindelijk plaatsen.'

Ooit was je verliefd op hem.
'Dat is al heel, heel lang geleden, hoor.'

Probeer eens te vertellen wat jou in hem aantrok.
'Kijk, 't is wel een heel lieve man. Hij kan erg vriendelijk zijn. Als je ziek bent, vraagt hij hoe het met je gaat. Hij is gul met bemoedigende woordjes en schouderklopjes. Dat staat in schril contrast tot de regels die hij aan het hele gezin oplegde

en tot zijn driftbuien. Hij werkte die buien gelukkig altijd op voorwerpen uit, nooit op mij of andere mensen.
Ja, ik weet nog iets van toen we verloofd waren. We gingen vaak wandelen in de natuur. Ik ben een natuurmens. Elke kever die we zagen en elke sprinkhaan kon hij benoemen. Hij hurkte erbij neer en pakte dat beestje heel voorzichtig beet! Nu nog, wanneer er een spin in huis zit, pakt hij die op en zet ze buiten. Hij is het soort man die je verrast, omdat hij het omgekeerde is van het machotype. Lief, dat is hij.
Ik moet erbij vertellen dat ik niet zo jong meer was toen we trouwden. Ik had lang alleen gewoond, nadat een eerste relatie was afgesprongen. Ik was bereid om me aan te passen en ik dacht zelfs dat dat absoluut noodzakelijk was, omdat ik een beetje eenzelvig was geworden.'

Ben je boos op jezelf, vanwege dit huwelijk?
'Boos is niet het juiste woord. Maar ik heb er wel spijt van. Ik zou het niet opnieuw doen indien ik het wist. Misschien kunnen andere vrouwen het wel. Vrouwen die niet zoveel warmte in een relatie zoeken. Nooit nam hij me uit zichzelf eens in de armen. Meer zeg ik daar niet over. Ik houd graag nog een paar dingen voor mezelf.
Johan is nu op zoek naar een vriendin. Hij heeft me beloofd om haar op de hoogte te brengen als het zover is. En als hij het niet doet, doe ik het wel. Zij moet niet doormaken wat ik heb doorgemaakt: onwetend in zo'n relatie stappen en dan vaststellen dat je zoveel jaren van je leven hebt opgeofferd. Nooit gedeelde vreugde, nooit gedeeld verdriet.'

Autisme: bij wie en wanneer?

Wat is autisme en hoe komt het dat het bij sommige mensen pas gediagnosticeerd wordt als ze al lang volwassen zijn? Was er dan eerder niets opgevallen aan deze mensen?
Experts zijn het erover eens dat elk van die volwassenen toch als kind al 'vreemd' was in de ogen van zijn ouders. 'Maar ofwel werden de ouders niet ernstig genomen', zegt pedagoog Peter Vermeulen van de Vlaamse Dienst Autisme, 'ofwel vonden ze een andere verklaring voor de hand liggen: een medisch probleem, een echtscheiding, een ander trauma. Sommige volwassenen met autisme waren enig kind, waardoor hun ouders niet konden vergelijken. Hun kind was misschien een spraakwaterval en had altijd goede cijfers op school: wat viel er dan te klagen?'
De kennis van autisme is de voorbije decennia met reuzensprongen vooruitgegaan. In plaats van om kinderen die niet praten, weten we dat het nu ook kan gaan om kinderen en volwassenen die wel praten, maar niet weten wie ze wel en wie ze niet kunnen aanspreken en wanneer ze moeten ophouden met praten. Het gaat niet om niet-communiceren, maar om gestoorde communicatie. In 1943 stelde Leo Kanner al vast dat de woorden 'ja' en 'nee' voor normaal- of hoogbegaafde personen met autisme een andere functie hebben. Ook in dit boek vertelt een vrouw over haar ex-man dat hij altijd eerst 'nee' zegt, op het ergerlijke af.
'Met "nee" koopt een autist bedenktijd af', zegt Peter Vermeulen. 'Hij stelt zijn beslissing uit. Ik denk dat dat komt omdat

mensen met autisme de hele tijd het gevoel hebben dat ze door voorstellen en vragen van anderen overvallen worden. Het leven gaat hen veel te snel. Dan is "nee" het beste antwoord: het verplicht je tot niets.'
Maar andere opsommingen van 'typische' gedragskenmerken wijst Vermeulen van de hand. 'Niet elke mens met autisme houdt van computers of vergeet een cadeau te kopen als zijn vrouw jarig is. Sommige hebben een hekel aan computers en andere kopen cadeaus voor Jan en Alleman. Niet allemaal hebben ze een fenomenaal geheugen noch kicken ze op cijfers. Er is niets wat autisten doen dat wij niet evenzeer kunnen. Autisme schuilt niet in het gedrag van mensen. Het beïnvloedt je kijk op de wereld en je denken.'
'Het is een deel van je persoonlijkheid, maar niet je hele persoonlijkheid. Het is belangrijk om dat te blijven beklemtonen: ook in de hulpverlening overheerst nog de tendens om alles onder die ene mat te schuiven.'

Autisme zit niet aan de buiten-, maar aan de binnenkant. Het is vanaf de geboorte aanwezig, en wordt ook omschreven als een stoornis in de informatieverwerking, die zich uit op drie niveaus.
Vooreerst op het vlak van de communicatie. 'Een overgrote meerderheid van alle communicatie zou non-verbaal zijn. Die signalen kunnen mensen met autisme heel moeilijk lezen. Sommige vinden die signalen zelfs uitermate storend. Zeg hun "Ik ben boos" en ze begrijpen je. Maar boos kijken of geërgerd zuchten, dát snappen ze niet. Ook tegelijkertijd kijken én luisteren, is voor hen vaak moeilijk. Communiceren via één kanaal, bijvoorbeeld over de telefoon of via e-mail, gaat voor vele beter.'
Vervolgens gaat het om tekorten in de omgang met anderen en het onvermogen om echte, persoonsgebonden 'wederke-

righeid' te bieden in sociale contacten. 'In de volksmond heet het dat mensen met autisme "zich niet kunnen inleven". Dat is maar een deel van het verhaal', zegt Vermeulen. 'Veel hangt af van de begaafdheid: hoe intelligenter deze mensen zijn, hoe beter ze het kunnen. Omdat ze veel leren uit de observatie van hun omgeving. Ik verwijs hier naar het onderzoek van de Gentse professor Herbert Roeyers, die vaststelt dat zijn selecte onderzoeksgroep tot hoge, theoretische niveaus van inlevingsvermogen komt.(*) Het probleem zit hem in de praktische toepassing van die theorie.'

'Als je een situatie met hen doorpraat, weten ze meestal wel hoe ze hadden of zouden hebben moeten reageren. Maar op het moment zelf falen ze. Dat is frustrerend voor partners of ouders, maar evengoed voor henzelf. Een ezel stoot zich geen tweemaal aan dezelfde steen, maar een autist wel. Omdat hij slechts leert van situaties die identiek zijn aan elkaar. Maar niets is ooit helemaal gelijk. Zoals Heraclitus zei: je kunt nooit tweemaal in dezelfde rivieren stappen.'

Ten slotte betekent autisme ook dat je een beperkt repertoire van activiteiten en interesses hebt en weerstand voelt tegen veranderingen.

Vermeulen: 'Bij begaafde mensen met autisme uit dit zich in zeer specifieke interesses. Het kunnen er tientallen zijn. Toch wil dat niet zeggen dat het volkse tv-programma *Afrit 9*, dat vaak gespecialiseerde hobbyisten toont, tjokvol autisten zit, zoals wel eens wordt beweerd. Want die mensen delen hun hobby en gaan er sociaal mee om. Bij mensen met autisme ontbreekt juist dat sociale gebruik van hun belangstellingsgebied.'

Weerstand tegen veranderingen uit zich in uiteenlopende manieren, zegt Vermeulen: 'Ze kunnen steeds dezelfde broek

---

(*) Zie verder in dit boek.

aan willen. Maar het kan ook gaan om rigide meningen, in alle richtingen: van extreem-rechts tot extreem-links. Het kan zelfs inhouden dat een persoon met autisme mordicus overal sociaal wil zijn. Ik ken er die "flippen" op dat sociale element, en alles over psychologie gaan lezen.' Volgens Vermeulen betekent die weerstand vooral dat ze niet van plotselinge veranderingen houden. Omdat ze die niet zien aankomen. 'Ze kunnen zo'n verandering niet afleiden uit de context. Een kind met autisme kun je niet weggrissen op een verjaardagspartijtje. Je moet je vertrek expliciet aankondigen. Een ander kind ziet het vertrek al komen: mama komt overeind en trekt haar jas aan. Maar een kind met autisme wordt door zo'n onaangekondigd vertrek getroffen als door een donderslag bij heldere hemel.'

Autisme is het best te zien tussen vier en vijf jaar, zegt Herbert Roeyers, docent in de psychologie aan de Universiteit van Gent. Dan ligt dat anders denken zichtbaar aan de oppervlakte. Naarmate de leeftijd toeneemt en de persoon beseft dat hij anders is, gaat hij zijn tekorten ook meer camoufleren. 'Het is een ontwikkelingsstoornis, wat betekent dat ze niet in alle levensfasen in dezelfde vorm terug te vinden is. Autisme betekent wel dat er iets fundamenteel fout zit. Maar het is niet zo dat deze kinderen zich niet ontwikkelen. Ze doen het wel trager dan de anderen. Als kleuter kunnen ze bijvoorbeeld niet imiteren. Maar ze kunnen het vaak wel wanneer ze op de lagere school zitten. Ondertussen hebben ze tijdens hun kleutertijd toch allerlei sociale spelletjes gemist, waarvan ze hadden kunnen leren. Zo gaat dat door, en stapelen personen met autisme het ene tekort na het andere op, en wordt hun stoornis "steeds meer" een afwijking.'

Met speciale trainingen kan men die achterstand proberen op te halen. 'Je kunt een kind leren imiteren. Je kunt een normaal begaafde adolescent leren rekening te houden met de gevoelens van anderen. Maar je lost het nooit helemaal op', zegt Roeyers. Vandaar dat het op volwassen leeftijd alsnog de kop opsteekt, als de opeenstapeling van achterstandjes te groot wordt. Zowel Roeyers als Vermeulen zijn zéér tot gematigd sceptisch: 'Je moet niet álles autisme willen noemen', zegt Roeyers.

Vermeulen verduidelijkt: 'Ik ben er zeker van dat het probleem zowel over- als onderschat wordt. Meer mensen hebben autisme zonder dat tot nog toe een diagnose werd gesteld. Maar er zijn er ook die wel een diagnose hebben, en het niet zijn.' Op het diagnose-probleem komen we later in dit boek nog terug.

Kan autisme ongemerkt aan anderen voorbijgaan? Vermeulen vermoedt van niet. 'Ik ken geen enkele persoon met autisme die niet als "vreemde vogel" bekendstaat in zijn omgeving noch op zijn werk.

Ik durf die vraag al eens te stellen als iemand na een lezing bij mij komt en zegt dat hij of zij van zichzelf denkt autisme te hebben. "Zijn er veel mensen die vinden dat jij een *rare* bent?" Klinkt bizar, maar ze weten meestal heel goed wat ik bedoel.'

‘Tien jaar is genoeg’

Phara is tien jaar getrouwd met Jan als ze toestemt in een interview en ze hebben net een groot jubileumfeest achter de rug. Ze verrast ons door ons te vertellen dat ze gaan scheiden. En dat feest dan? ‘We hebben ons best gedaan in die tien jaar en ik vond dat de mensen dat mochten weten. Maar die relatie met Jan betekende ook: tien jaar optellen. Daarna wou ik beginnen af te tellen. Ik zat daar al een tijdje mee in mijn hoofd. En ik dacht: hopelijk duurt dat aftellen niet nóg eens tien jaar.’

Ze is 31, ziet er jong en goedlachs uit, modieuze bril op het zorgvuldig geschminkte gezicht. Jan is altijd al een vreemde vogel geweest, zegt ze. Pas toen hun zoontje Ruben als autistisch werd herkend, kon ze ook het vaak zo bizarre gedrag van haar man plaatsen. Behalve Ruben hebben ze nog een dochtertje, dat geen autisme heeft.

Tijdens dit gesprek weet ze nog niet hoe ze het allemaal gaat oplossen: een jongen van acht die vastigheid nodig heeft laat je niet pendelen tussen twee huizen. Financieel kunnen ze zich trouwens geen grote luxe veroorloven. Ze speelt met de gedachte om een kleine studio te huren, waar zij en Jan beurtelings een week zullen intrekken, terwijl de ander bij de kinderen thuis is. ‘Natuurlijk laat ik Jan niet stikken’, zegt ook Phara, want ze weet dat hij erg hulpeloos in het leven staat. ‘Maar ik kan hem niet meer de hele tijd om me heen hebben. Zijn onzekerheden, zijn rare vragen, zijn opmerkingen. Ik ben die zo beu, beu, beu.’

Wanneer begon je te vermoeden dat Jan anders is dan de anderen?
'Lang voor de geboorte van Ruben. Ik heb het bij het eerste bezoek van de thuisbegeleidster al aan haar gevraagd: of het mogelijk was dat mijn man ook een vorm van autisme had? Hij kwam immers uit een familie met veel rare kwasten. Ze zei niet ja en niet nee. Een jaar later hebben we er eens lang over doorgeboomd. Toen heeft ze me over de Vlaamse partnergroep verteld. Dat is nu zo'n twee jaar geleden. Ik vond er min of meer de bevestiging van mijn vermoedens, doordat ik me in al die verhalen herkende.
Een "rare" heb ik hem eigenlijk altijd gevonden. Vanaf het eerste moment. Ik was samen met een vriendin naar een discotheek gegaan. Na de kusjesdans vroeg Jan me om met hem te slowen. Ik zei ja, en zonder enige inleiding of zo, gaf hij mij toen meteen een tongzoen. Ik was erg jong, pas van school af. Ik schrok me een hoedje. Liever wilde ik eerst een beetje babbelen en dus sleepte ik hem mee naar buiten. *(lacht)* Tja, toen dacht hij natuurlijk dat ik het wel érg goed zag zitten met hem.'

Van een communicatiestoornis gesproken!
'We kenden elkaar nauwelijks. "Phara", zei ik. Hij vond dat een mooie naam. We stonden daar in de portiek en hij liet er geen gras over groeien. Toen zei hij plots: "Ik moet je wat zeggen. Ik ben namelijk de plezantste thuis!" En om zijn woorden kracht bij te zetten, begon hij heel gek te doen: zwaaien met zijn armen, grimassen trekken.'

Hoe oud was hij toen?
'Tweeëntwintig, maar hij zei dat hij twintig was. Ik was achttien. Geen ervaring met jongens, in tegenstelling tot mijn

vriendinnen, die elke maandag wilde verhalen vertelden op school. Daar stonden ze bij mij thuis niet voor open. Ik was bang dat het me nooit zou lukken om een jongen te vinden. Toen hij me vroeg om de volgende dag met hem naar de bioscoop te gaan, zei ik ja. Ik hoorde van andere meisjes dat zo'n jongen bij een tweede afspraakje niet altijd opdaagde. "Dat overkomt mij niet", dacht ik en ik vroeg hem om zijn telefoonnummer. Maar hij stond er wel. Daar was ik blij om.
We bleven elkaar zien. "Met jou is dat allemaal anders", zei hij. Want hij had al enorm veel liefjes gehad, maar nooit voor lang. Hij hield een lijstje met de namen bij. Echt waar. *(lacht)* Ik heb het later een keer te zien gekregen: ik stond er ook op. En ná mij stonden er nóg twee op. Dat was even slikken!'

Je bleef hem zien omdat je je goed voelde bij hem, of niet?
'Tja, weet je, ik was niet zo heel gelukkig. Jan was wel erg lief. Als er mij eens iets hoog zat, luisterde hij. Maar verder, niets. Ik nam alle beslissingen: wat we zouden doen, waar we naartoe gingen. Hij was vaak erg bang. Kon autorijden, maar wanneer we naar zee trokken, was hij bij aankomst al hondsmoe van de inspanning. Bovendien haalde hij zotte toeren uit, halsbrekende manoeuvres waarbij we op het nippertje aan botsingen ontsnapten.
Wat de fysieke kant van onze relatie betrof: dat kon voor Jan niet rap genoeg gaan. Terwijl ik er nog niet echt aan toe was. Maar het kwam er natuurlijk toch van, en snel ook. Al die angsten die ik heb doorstaan! Op een keer scheurde het condoom. Help, wat te doen? Jan, die trok zijn broek aan, sprong op zijn fiets en reed naar huis. De volgende dag had ik een examen, maar ik mocht dus nog snel in mijn eentje naar de dokter. Heel erg, vond ik dat. En hij, hij vroeg niet eens hoe het gegaan was. Hij leek dat incident precies vergeten. Tot op

de dag van vandaag valt het me op hoe hij sommige zaken verdacht snel kan vergeten. Alsof hij maar half zoveel in zijn geheugen kan opslaan.'

Zat er een vast patroon in jullie afspraakjes?
'Ik zag hem elke zaterdagavond op een fuif, van negen uur 's avonds tot twee uur 's nachts. Dat voldeed me niet echt. Van praten komt er op zo'n fuif niet veel terecht. Voor hem wou ik mijn leiderschap in de jeugdbeweging, 's zondagmiddags, opgeven. Jan vond dat niet nodig. "We zien elkaar toch al 's zaterdags?"
Elke donderdag belde hij me stipt om halfzeven, want dan ging het goedkopere tarief in. Wanneer de lijn toevallig bezet was, raakte hij helemaal in de war! En brieven schrijven deed hij ook. Altijd 's maandags. Dinsdags deed hij die op de bus en 's woensdags kreeg ik ze thuisbezorgd. Altijd dezelfde slotzin: "Ik weet niet meer wat te schrijven, dus zeg ik dat ik van je hou." Een beetje vreemd wel. Maar mijn vriendinnen kregen nooit een brief van hun vriend, dus ik was er wel trots op.'

Heb je er toen nooit over gepiekerd of je het uit zou maken?
'Zoals ik al zei, had ik nooit eerder een vriendje gehad. Ik kon niet vergelijken. Op mijn vijftiende heeft een goede vriendin eens elk contact verbroken. Ik ben daar járen verdrietig om geweest. Ik veronderstel dat ik wou voorkomen dat ik nog eens zo gekwetst zou raken. Ik voelde wel dat mijn ouders hem speciaal vonden. Maar ze zeiden er niets van. Indien ze dat wel hadden gedaan, had ik zeker ook mijn twijfels uitgesproken. Daartegenover stond dat ik bij Jan juist veel initiatief kon nemen, zelfs moest nemen. Wat ik thuis nooit had gekund. Mijn ouders lieten mij niet veel bewegingsruimte.

Ik heb hen onlangs over onze aanstaande scheiding verteld. Ze reageerden nogal dubbelhartig. Ze bekenden dat ze altijd al een vermoeden hadden gehad. Maar ze vonden aanvankelijk ook dat ik bij Jan moest blijven. Want, "dat is toch geen reden om te scheiden".'

En toen zijn jullie getrouwd.

'Ik speelde al een tijdje met de gedachte om alleen te gaan wonen. Maar ik had zo het gevoel dat hij dan nooit enige verantwoordelijkheid op zich zou nemen. Ik dacht: dan blijft hij bij mij op bezoek komen en kan ik al het werk alleen blijven doen!

Op een dag bekende Jan me doodleuk dat hij me "bedrogen" had. Tranen met tuiten heb ik gehuild. "Oei", zei hij, "ga je het nu niet uitmaken?" Maar ik, ik beet door! Zo begonnen we over trouwen te spreken. Hij schoof de datum altijd maar voor zich uit. Hij wilde het liefst een rond getal: 1990. Ik wou zo lang niet wachten. Het is 1989 geworden. De dag voor we het aan zijn ouders gingen vertellen, biechtte Jan op dat hij mij nog drie keer "bedrogen" had. Van timing gesproken! Eerlijk was hij wel, ja. Ik had zoiets van: "Nu is er geen weg meer terug!"

Achteraf gezien was die aanloop naar ons huwelijk voor hem een vreselijke periode. We besloten een huisje te kopen en hij vond dat erg beangstigend. Geld uitgeven doet Jan niet graag. En dat is nog zacht uitgedrukt. 't Is geen pretje om samen te leven met iemand die zo op zijn geld zit als Jan, maar ik prijs me gelukkig dat hij niet zoals sommige andere autisten alles over de balk gooide!

Voorts liep hij verloren in de drukke voorbereidingen. Ik kom uit een handige familie. Mijn vader, mijn oom en ik hebben alles zelf gedaan in het huis. Jan kwam na zijn werk

binnen en stond daar hulpeloos te kijken: “Kan ik iets doen?” Verschrikkelijk vond ik dat. Ook toen weer was het duidelijk dat *ik* de handen uit de mouwen zou moeten steken. Op ons trouwfeest heeft mijn vader het overigens met zoveel woorden gezegd: “Phara, ik feliciteer je omdat je het allemaal zo geweldig goed geregeld hebt.” Daar schrok ik van.
Ik moet het ook nog over de avond voor onze trouwdag hebben. We hadden nog volop in het huis gewerkt en ieder ging vandaar terug naar zijn ouders, zoals het hoort *(lacht)*. Toen ik afscheid wou nemen, begon hij ineens heel hard te huilen, voorovergebogen op het autostuur! En maar snikken: “Nu gaat het allemaal veranderen.” Ik in paniek! Ik zag in één oogopslag wat al weken aan het broeien was geweest. Mijn ouders waren toen jammer genoeg al naar bed. Misschien was dit verhaal wel anders gelopen als ze toen nog wakker waren geweest...’

Hij moest van huis, milieu en gewoontes veranderen, wat voor een persoon met autisme niet makkelijk is. Hoe sloeg hij zich daar doorheen?
‘Slapen, slapen en nog eens slapen. “Dan moet ik nergens aan denken”, zei hij. Het ging al mis op onze huwelijksreis. Het enige dat Jan wilde was een strandstoel om in te liggen. En ik moest die ’s morgens vroeg al voor hem bemachtigen. Ik wou liever het land zien en uitstapjes maken. Dat vond hij te duur. Ik durfde hem toen nog niet te forceren. Dus gebeurde er niets. Toen had ik nog hoop. Ik dacht dat hij tijd nodig had om los te komen. Die wilde ik hem geven. Wanneer hij niet sliep, zat hij voor de tv. En ik, als juf, had schoolwerk bij de vleet. Daar vluchtte ik in. Met als gevolg dat ze me jaren voor een superjuf aanzagen op school!
Na een jaar of twee hebben we dan toch een soort evenwicht gevonden. Ik kon beter met zijn vreemde gedrag overweg. En

hij had zich aan zijn nieuwe levenssituatie aangepast en nieuwe routines ontwikkeld. Hij werd minder depressief. Hij kon goed helpen in het huishouden, zolang het duidelijk omschreven taken waren. De vuilnisbakken buitenzetten, 's avonds de tafel al dekken voor het ontbijt. De eerste keer keek ik mijn ogen uit: hij dekte alleen voor zichzelf! Van toen af heb ik hem alles voorgedaan. Hoe je een filterzakje in de koffiekan doet, hoe je een boterham smeert. Ik zocht niet naar een verklaring waarom hij zulke eenvoudige dingen niet kon. Verwend door zijn moeder, dacht ik.
'Moe, plette gij 'n bo'ke voor mij?'
'Ene met kès of ene met socies?'
'Van allebei ene, moe.'
Zo ging het er bij hem thuis aan toe. Zijn moeder was nogal bemoeizuchtig en legde ook altijd zijn kleren klaar. Waarschijnlijk móest ze het zo wel aanpakken, met Jan. Vandaag denken zijn collega's op het werk precies hetzelfde over mij.'

Ben je ooit echt verliefd op hem geweest?
'Verliefd, ja, maar niet lang. Ik zag hem natuurlijk wel graag. De gedachte aan een scheiding heb ik lang verdrongen. Een van onze kinderen heeft autisme en ik vind het belangrijk om te strijden voor meer begrip voor die aandoening. Hoe kon ik mijn man dan zo'n pijnlijke breuk aandoen? Hij verdient respect, net als iedereen, net als alle andere mensen met autisme. Het gaat hier per slot van rekening om ménsen. Die toevallig een afwijking hebben.'

Hoe reageerde Jan eigenlijk toen men zei dat jullie zoon autisme had?
'De dokter waarschuwde ervoor dat het erg moeilijk zou worden met zo'n kind. Vreemd genoeg voelde ik me alleen maar

opgelucht: eindelijk een bevestiging van dat oergevoel dat er iets aan onze zoon scheelde. Ik zei dus tegen de dokter: "Mijn eigen kind, dat blijf ik altijd graag zien." Maar Jan zat aan zijn stoel gekluisterd. Toen liep hij weg. Hij wou het probleem niet onder ogen zien. Hij kon er helemaal niet over praten, zo verdrietig was hij. Wat ik ook probeerde, altijd barstte hij in tranen uit. Jan kon helemaal niet meer naar Ruben kijken, noch hem oppakken. Dat trok ik me wel aan. Dat vond ik erg. Op een dag heb ik hem ertoe gedwongen om ons zoontje in de armen te nemen. En hoe meer ik over het autisme van Ruben leerde, hoe meer ik de symptomen bij Jan zag opduiken. Tot in onze intieme relatie toe.'

Hij was vanaf het begin een hevige, heb je al verteld.
'Ja, technisch gesproken is de seks altijd wel in orde geweest. Ik heb zelfs vaak gedacht: "Waar heb jij dat nu weer geleerd?" In vergelijking met zoveel andere zaken die stroef verliepen, ging dat wel goed tussen ons. Maar het is het spontane, het intuïtieve dat ontbreekt. Hij weet niet hoe hij het initiatief kan nemen op een subtiele manier. En als ik hem dan afwijs, is hij heel erg ontredderd. We konden daar niet over praten. Hij nam gewoon geen initiatief meer. Soms duurde dat twee, drie maanden. Altijd moest *ik* weer de eerste stap doen. Het moet allemaal zo duidelijk zijn voor Jan. Dan is de sfeer, naar mijn gevoel, om zeep.'

Heeft Jan ooit een diagnose van autisme gekregen?
'Nee. We hebben daar wel stappen toe ondernomen. Omdat ik twijfelde: stel dat hij het toch niet heeft? We vonden een dokter bereid om die moeilijke weg met hem te gaan. Het is niet makkelijk, hé. Op het eerste gezicht heeft Jan een lief en vriendelijk karakter. Tot op zekere hoogte legt hij vlot contact

en maakt hij vrienden. Je moet diep gaan om bij Jan iets te zien.
Na het invullen van eindeloze vragenlijsten, over communicatie, verbeelding, sociaal inzicht, onze relatie, kortom al die terreinen waarop hij inderdaad problemen heeft, concludeerde de arts dat hij nét geen autisme had.
Want, *let nu op!:* "autisme is een handicap en meneer heeft werk." Dan zeg ik: já, maar hóe heeft hij werk?! Jan werkt in een magazijn, waar hij dingen moet ordenen, op basis van bonnen met cijfertjes en lettertjes erop. Echt iets voor een persoon met autisme. Hij beweert dat het heel goed gaat, maar ik weet dat hij er problemen heeft en dat hij die altijd gehad heeft.'

Hoe weet je dat?
'Tja, ik heb nu een relatie met een collega van Jan, die tegelijk zijn beste vriend is. Stijn kwam geregeld bij ons thuis. Hij is de enige van de collega's die Jan nooit heeft uitgelachen. Anders zou ik nooit verliefd op hem zijn geworden. Stijn heeft Jan altijd geholpen en beschermd, zo goed hij kon. Al die tijd wist hij niet wat er precies mis met hem was, want Stijn had nooit van autisme gehoord. Maar hij zag snel dat Jan vaak bang was op het werk. Bang voor nieuwe situaties, voor nieuwe mensen, voor veranderingen in de werkroutine. Hij ontkent dat dan thuis, maar ik weet dat Stijn gelijk heeft. Zelf komt Jan ook met verhalen thuis. Dat hij bepaalde dingen moet doen van de collega's, die de baas niet zo op prijs stelt. Ze jutten hem op. Ik probeer hem dat zoveel mogelijk uit zijn hoofd te praten: "Doe je werk en verder niets". Ik heb hem intussen geleerd om mij te bellen wanneer hij ergens vragen over heeft. Zo geef ik hem instructies vanop afstand. Laatst werd in het magazijn het hele ordeningssysteem gewij-

zigd. Zeiden ze tegen Jan: "Jij bent net een goudvis. Een geheugen van vijf seconden, jij." Vreselijk verontwaardigd was hij daarover. Want hij kent alle voetbal- en wieleruitslagen van jaren geleden uit het hoofd. Hij kan opdreunen wie in welke minuut tegen wie scoorde. Maar hij kan niet onthouden dat hij met díe broek zijn T-shirt met de *blauwe* strepen aan moet. Te ingewikkeld. Dan trekt hij zijn *rood*gestreepte shirt aan, en ziet hij er niet uit.
Veranderingen op het werk verwerkt Jan veel trager dan iedere andere collega. Maar zodra hij ze in zich opgeslagen heeft, zit het erin gebeiteld en weet hij iets feilloos te vinden als alle anderen het al lang weer vergeten zijn. Dan zegt hij: "Zie je wel dat ik geen goudvis ben!" Dat is natuurlijk een beetje een ridicule reactie.'

Hoe reageert Jan op jullie verhouding?
'Toen hij er nog niet van op de hoogte was, heb ik hem gevraagd wat hij zou doen als ons huwelijk niet overeind zou blijven. "Ha, dan ga ik wel bij Stijn wonen!" Dat maakte het twee keer zo moeilijk voor ons. Geen van ons beiden heeft de intentie om Jan te laten vallen. Dat kunnen we niet en dat willen we niet.
Onze verhouding is lang puur platonisch gebleven, met opzet. Ik heb Jan vrij snel op de hoogte gebracht. Niet onmiddellijk, niet na ons eerste afspraakje. Tijdens die eerste avonden zaten we trouwens toch de hele tijd over Jan te babbelen en over wat het betekent om autisme te hebben. Op een zondagavond heb ik Jan dan verteld dat ik verliefd was op Stijn. "Ai", zuchtte hij, "van Stijn kan ik dat nog geloven, maar van jou!" Het was kort voor onze huwelijksverjaardag. Meteen wou hij het feest afgelasten. Ik vond dat we die tien jaar niet zomaar overboord konden gooien!

Mijn familie begreep dat, mijn vriendinnen ook. Jan niet. En het was een prachtig feest. Iedereen die ik graag heb, was er. Ook Stijn. Dat voelde, tja, ook een beetje raar aan, hé. Jan kan zoiets absoluut niet bevatten. Zo'n situatie is voor hem veel te onduidelijk. Wil ik nog eens met hem dansen? Dan is het met ons weer koek en ei. Leg ik uit bezorgdheid een hand op zijn knie? Grote liefde. Hij snapt er niets van. Ik dénk ook veel sneller dan hij. Maak onnozele grapjes over de huidige situatie. Wanneer we met ons drieën ergens naartoe gaan, lach ik: "Phara is weer met haar harem op stap". Jan zegt de hele tijd: "Je bent veranderd."
Ik zie het anders. Bij Stijn kan ik eindelijk weer zijn wie ik echt ben. Ik moet niet op eieren lopen, ik hoef me niet meer de hele tijd te ergeren. Ik kan me eindelijk weer eens laten gaan.'

Heb je voor je zoon, die net als je man autisme heeft, meer begrip?
'Ja, zeker weten. Al van voor ik het wist. Dat ventje was zo... hulpeloos. Soms wordt het mij wel eens te veel, maar toch, Ruben is en blijft mijn kind. En ik blijf zijn moeder, wat er ook van komt. Als moeder geef je aan je kinderen, en je verwacht niets terug. Van een partner verwacht je heel wat.'

Kan het te maken hebben met het feit dat Ruben nog jong is? Ik bedoel, als hij ouder wordt, ga je misschien meer terugverwachten.
'Nee, dat denk ik niet. De diagnose is op erg jonge leeftijd gesteld. En ze is in mijn hoofd verankerd. Ruben kán niet anders. Bovendien, denk ik dan, heeft hij een heel ander karakter dan zijn vader. Een doorbijtertje. Hij geeft niet op. Dat, en het feit dat hij vanaf zijn vroegste jeugd begeleiding

en therapie heeft gekregen, zal er wellicht voor zorgen dat hij het qua integratie verder brengt dan zijn vader.'

Vind je dat Ruben later kan en mag trouwen of gaan samenwonen? En ga je eventuele partners waarschuwen voor de mogelijke problemen, die jijzelf ervaren hebt?
'Ik ga hem in de eerste plaats aan het verstand proberen te brengen dat een relatie niet hoeft, dat geen enkele relatie zonder problemen is en dat het voor een persoon met autisme nog erger is. Als hij dan toch de stap doet, zal ik die andere persoon zeker inlichten, ja. Tenminste, ik hoop dat ik dat zal doen. Je weet en ziet niet dat iemand autisme heeft tot je met hem of haar samenwoont. Daarom is het nodig dat anderen je dat vertellen. Maar misschien hoef ik niet eens tussenbeide te komen. Iederéén weet het, van ons. Wij hebben nooit geschroomd erover te praten.'

Kun je je voorstellen dat je als moeder zou denken dat een relatie voor je zoon juist het enige is dat hem nog een beetje een goed en aangenaam leven kan bezorgen? Wanneer iemand voor hem zorgt...
'Nee. Ik hoop dat ik niet zo zal denken. Want Ruben zal altijd familie om zich heen hebben. Wij, mijn zus en schoonzus, hun kinderen, Stijn. Zijn eigen zus zal ik zeker niet dwingen om in de zorg voor Ruben een grote verantwoordelijkheid op zich te nemen. Maar zoals ik haar nu bezig zie, denk ik dat ze voor hem door het vuur zal gaan. Ze is nog maar vijf, en hoe ze hem nu al bemoedert als hij triest is! "Kom eens hier, *suske*, dat ik u eens goed *vastpak!*" Ze voelt ook heel goed aan hoe het met haar vader gaat: "Dát kan papa niet, dat moeten we aan mama vragen." Ze is nu extra lief voor Jan, omdat ze ziet dat hij het moeilijk heeft met onze breuk. Vlijt zich dicht

tegen hem aan: "Ons lief vaketje". Dat zijn zaken die Ruben niet opmerkt natuurlijk. Het glijdt allemaal langs hem heen. *The show must go on!*

Hoe moet het nu verder? Redt Jan het in zijn eentje en kan hij de kinderen aan?

'Over zijn contact met de kinderen maak ik me geen zorgen. Jan is toch wel een goeie papa. Zeker nu ze nog klein zijn: hij kan helemaal in hun spel opgaan. Ze aanbidden hem.

"Weet je dat ik blij ben dat het Stijn is", flapte hij er laatst uit. "Want die ken ik." Dat heeft hij ook op het werk zo gezegd. "Phara heeft een relatie met Stijn en ik vind dat goed." Daar snappen ze natuurlijk weer niets van. Maar ik weet zeker dat hij het meent. Voor hem is dat een heel logische opmerking.

Het zou natuurlijk veel makkelijker zijn indien Jan een begeleider kon krijgen, zoals Ruben er een heeft. Iemand die hem opvangt en zijn leven vorm helpt geven. Maar voor volwassenen met autisme is nergens in zoiets voorzien. Jammer genoeg is elk contact met zijn moeder verbroken. Bij haar kan hij ook niet meer terecht.

Onlangs zei hij: "Jij hebt makkelijk praten, jij hebt zoveel mensen om je heen!" Ik heb hem uitgelegd dat zoiets niet uit de lucht komt vallen, dat ik vrienden heb omdat ik dingen voor hen terugdoe. Dat je daarin moet investeren. Iets wat hij niet uit zichzelf weet, hé. Hij staat helemaal alleen in de wereld.'

Op de tenen lopen

Hoe slagen begaafde autisten erin om jarenlang een vrijwel normaal leven te leiden? Waar en wanneer precies falen die goed functionerende personen met autisme in hun contacten met anderen? Professor Herbert Roeyers van de faculteit psychologie en pedagogische wetenschappen aan de Universiteit van Gent wil die vragen graag op wetenschappelijke wijze beantwoord zien. Hij onderwerpt daartoe volwassenen met autisme aan tests, die telkens een stapje verder gaan. Het definitieve antwoord is nog niet in zicht.

De klassieke proef om autisme te achterhalen bij jonge kinderen is de 'false belief'-test: kan zo'n kind begrijpen dat iemand anders een verkeerde opvatting over de werkelijkheid heeft? Het kind krijgt twee poppen te zien, een mandje met een knikker erin en een kistje. Eén van de poppen 'gaat' even weg, de knikker wordt door de andere pop uit de mand gehaald en in de kist gelegd. Pop komt terug: waar gaat ze de knikker zoeken? 'In de kist!' zegt een jong kind met autisme. Want daar zit die knikker toch?!
'Kinderen zonder autisme kunnen met vier of vijf jaar het onderscheid maken tussen de werkelijkheid en wat iemand anders erover denkt. Kinderen met autisme kunnen dat pas met acht of negen jaar, of nog later', zegt Roeyers.
Bij elk onderzoek blijft echter altijd een kleine groep kinderen of adolescenten over, die wel autisme hebben en toch de test goed doorstaan. 'Er zijn toen allerlei nieuwe tests

bedacht', zegt Roeyers, 'en de resultaten waren onduidelijk. Doen die normaal begaafde kinderen met autisme de test goed omdat ze wéten dat ze getest worden? Leren ze trucjes? Denken ze Y maar zeggen ze X omdat ze in een onderzoekssituatie zitten? Opvallend is wel dat er ook bij degenen die goed presteerden een groot verschil bleef tussen hun testresultaat en hun gedrag. Ook als ze het goede antwoord weten, kunnen ze dat vaak niet toepassen in het dagelijkse leven.'
Aan de Universiteit van Gent wordt sinds enkele jaren ook onderzoek naar volwassenen met autisme verricht. 'We hebben hun eerst de kindertests voorgelegd: de verhaaltjes en zo. Daar vielen ze niet bij uit. Ze leggen die tests even goed en even snel af als personen zonder autisme. Het is heel goed mogelijk dat ze daarbij hun hersenen op een andere manier gebruiken. Onderzoek met de scanner wijst in die richting.'

Maar ook bij hen blijft de toepassing in het dagelijkse leven moeilijk. 'Om te zien wat er juist fout loopt, zou het interessant zijn om volwassenen met autisme in dagelijkse situaties te observeren, zonder dat ze het weten. Met een verborgen camera. Maar ethisch kan dat niet door de beugel. Ook praktisch is het moeilijk te organiseren. Daarom zijn we met video's beginnen te werken.' Roeyers verwijst naar het werk van zijn collega Ann Buysse, ook van de Gentse universiteit, met wie hij op dit vlak nauw samenwerkt. Zij onderzoekt relaties in brede zin.(*)
Roeyers: 'Belangrijk in alle soorten relaties is de "empathische accuraatheid": kunnen inschatten wat een ander denkt en voelt. Dat is voor ons erg interessant. Kunnen volwassenen met autisme dat even goed als niet-autisten?' Roeyers en

---

(*) Zie bladzijden 102 en 194.

Buysse lieten volwassenen met autisme naar een video kijken waarop een man en een vrouw die elkaar niet kennen een eerste gesprek met elkaar aanknopen. Op het ogenblik van het gesprek weten ze niet dat ze worden gefilmd. Ze denken dat ze zitten te wachten voor deelname aan een onderzoek.
De volwassenen met autisme kregen twee van zulke video's te zien: een waarop de proefpersonen het vooral over het komende onderzoek hebben, en een andere waarop de proefkonijnen uitweidden over zichzelf. Aan de man en de vrouw werd na de opname gevraagd naar hun eigen gesprek te luisteren en op te schrijven wanneer ze iets dachten of voelden dat ze niet gezegd hadden. Vervolgens werd ook aan volwassenen met autisme gevraagd naar de video's te kijken en werd de band telkens stopgezet wanneer een van de gefilmden had aangegeven een onuitgesproken gedachte of gevoel te hebben. Zij moesten dan raden wat er gedacht en gevoeld was.
'Bij de eerste video deden zij dat prima', zegt Roeyers. 'Maar bij de tweede video scoorden ze slechter dan niet-autisten. Waarschijnlijk speelt de context een rol, maar dat weten we niet zeker. Op de tweede video was bijvoorbeeld het gezicht van de vrouw niet erg goed zichtbaar. Lag het daaraan? Ook dat kunnen we niet hardmaken: hoeveel procent van het gezicht moet zichtbaar zijn opdat een persoon met autisme de andere beter begrijpt?
We willen daar in de toekomst wel mee experimenteren: videobeelden tonen waarop het gezicht verborgen zit achter blokjes, of geluid toevoegen, zodat hun waarneming verstoord wordt. Zo gaan we telkens een stapje verder.'
Verscheidene proefpersonen gaven te kennen dat de tests hun veel energie hadden gekost. Roeyers: 'Ze zeiden dat ze die test wel wilden afleggen, voor ons, maar dat ze niet dagelijks

evenveel energie konden noch wilden opbrengen. Ze werden er enorm snel moe van, heel erg moe.'

Met de beste tien deelnemers met autisme begonnen Roeyers, Buysse en hun medewerkers toen aan weer een volgende test: ze werden zelf speler in een onverwacht opgenomen video, samen met een onbekende. Achteraf moesten ze zeggen wat hun tegenspeler tijdens de opname dacht of voelde. 'De eerste resultaten lijken erop te wijzen dat de proefpersonen met autisme het hier even goed doen als hun gesprekspartner', zegt Roeyers. 'Maar we zijn echt wel met een subgroep bezig: met de zogenaamd beter functionerende mensen met autisme. Ook hebben we niet de adequatie van het gesprek gemeten. Het kan een bizar gesprek geweest zijn, of er kan heel weinig gezegd zijn. Of misschien hebben zijzelf meer bizarre gedachten gehad waar hun tegenspeler het gissen naar heeft gehad. Ze hebben zich misschien afgevraagd of hun tegenspeler hen "vreemd" vond.'
'Achteraf hebben we ook gezien dat de niet-autistische tegenspeler zich in zekere zin vreemder gedroeg dan de persoon met autisme: die "normale" proefpersonen vroegen zich blijkbaar meer af wat ze daar zaten te doen. De autistische persoon lette misschien beter op omdat hij meer informatie "nodig" heeft, om zich te kunnen inleven. Dat zullen we pas weten als we nog meer onderzoek doen. Maar we hebben hiervoor steeds nieuwe mensen nodig. Die tien beter functionerende deelnemers kénnen onderhand elke test nu wel.'
Partners van mannen en vrouwen met autisme vinden dat het werk van de Gentse onderzoeksgroep wel erg traag vordert. Zo zei een vrouw op een gespreksavond dat haar man kan scoren bij elke test, maar dat hij niets van die theoretische kennis kan toepassen. 'Waarom dan zo getalmd?'

Maar volgens Roeyers is het niet zeker dat het enkel om een toepassingsprobleem gaat: 'We zien dat personen met autisme als groep minder goed scoren in een onderzoek dan de normale groep. Maar de besten uit de autismegroep doen het beter dan de zwakste niet-autisten in het proefpanel. Blijkbaar heeft die topgroep onder de mensen met autisme zoveel dingen zo goed aangeleerd, dat ze pas laat door de mand vallen. Bijvoorbeeld als er te veel storende elementen bij de communicatie komen kijken: te veel geluid, te veel afleiding.'
'Tot nog toe waren nooit meer dan twee mensen bij de proef betrokken. Wat zouden de resultaten zijn als het om een grotere groep ging? Blijkbaar moesten ze voor deze proeven al op hun tenen lopen!'

‘Ter wille van de lieve vrede’

Heb je autisme omdat je tien kinderen op de wereld wilt zetten? Natuurlijk niet. Maar als je het doet omdat die tien vakken in het trouwboekje ingevuld moeten worden, klinkt het al wat vreemder. Heb je autisme omdat je het extreem-rechtse gedachtegoed aanhangt? Vanzelfsprekend niet. Dat je bij politieke betogingen een SS-jas draagt, het hóeft geen uiting van een handicap te zijn. Maar als die ideologische rechtlijnigheid zich uit in nagenoeg alle aspecten van je privé-leven, gaan mensen zich toch vragen stellen.

Zoals Moniek (46) deed over haar man Herbert, van wie ze intussen gescheiden is. Een officiële diagnose kreeg hij niet, want Herbert wilde daar nooit van weten. Maar de begeleiders die haar autistische zoon ondersteunen en daarvoor bij haar thuis komen, hebben Monieks vermoedens wel bevestigd. ‘En die mensen gaan daar echt niet licht overheen’, weet Moniek.

Haar verhaal is een van de meest tragische in dit boek. Niet alleen omdat Moniek zelf lijdt aan een ongeneeslijke erfelijke aandoening, die haar binnenkant kapotvreet en al zeker een van haar vijf kinderen heeft aangetast. Ook niet omdat een van haar kinderen autisme heeft, en twee andere aan aandachtsstoornissen en hyperkinetisch gedrag lijden. Noch omdat ze met Herbert zwarte sneeuw heeft gezien. Maar omdat haar ex in al zijn rigiditeit van háár onderdanigheid verwachtte, wat tot ettelijke uitbarstingen en geweldplegingen tussen hen heeft geleid. ‘Ik verwijt mezelf vandaag nog altijd dat ik ooit met hem ben getrouwd.’

Wanneer ben je beginnen te denken dat je toenmalige man autisme had?
'De eerste bij wie de diagnose het uitwees, was onze zoon Gert. Hij was toen vier en het is intussen zeven jaar geleden. Veel van de uitleg die ze over zijn gedrag gaven en die in het vakje paste, kon ik ook op Herbert toepassen. Ze lijken erg op elkaar, in hun rechtlijnige manier van denken en handelen. Vanzelfsprekend uit zich dat op verschillende manieren, omdat de een nog een kind is en de ander al volwassen. Ik vind het makkelijker om bij het begin te beginnen. Er gaat zoveel door mijn hoofd als ik aan mijn huwelijk terugdenk. Het helpt me als ik die herinneringen chronologisch mag ordenen.'

Waar en onder welke omstandigheden heb je hem leren kennen?
'In een jongerencafé. Hij was toen al uiterst rechts geëngageerd, in allerlei politieke actie-, protest- en plakgroepen. We kenden elkaar vaag. En op een keer is hij komen kennismaken. Ik zat op een kruk aan de tap. Hij kwam vanachter op mij toe en sloeg met allebei zijn handen op mijn billen! Dat was zo zijn manier. Indien een onbekende dat had gedaan, had ik hem zeker een klap verkocht.
Van toen af zijn wij aan elkaar blijven vasthangen. Ik was 21 en woonde nog bij mijn ouders. Jammer genoeg hadden ze thuis strikte ideeën over relaties. Zodra hij een paar keren had gebeld, moest ik Herbert aan mijn ouders voorstellen. Vandaag denk ik dat het misschien nooit tot een huwelijk was gekomen als ze niet zo hadden gepusht. Dan zou die "relatie" nooit lang zijn blijven duren.'

In die tijd, voor jullie huwelijk, vond je hem toen al een beetje vreemd?

'Niet direct. Ik wilde zelf graag bij mijn ouders weg. Een huwelijk leek daartoe een goed middel. En in die tijd dreef hij zijn harde politieke ideeën nog niet zo door. Dat is maar later gekomen. Er doken wel al rituelen op waarvan hij niet wou afwijken. Elke zondag samen naar het voetbal. Ik, die niet eens van het voetbal hield. En daarna een pint pakken. Door de week zag ik hem niet. Maar ik kreeg elke dag een brief. Ik vond dat wel lief. Alleen waren die brieven nogal bizar opgesteld: een uur-aan-uur-verslag van wat hij die dag allemaal had gedaan. Zo schreef ik ze zelf nooit.'

Na jullie huwelijk werd je dag in dag uit met hem geconfronteerd. Hoe verliep dat?
'Als wij bijvoorbeeld aan tafel zaten te eten, met ons tweeën, sprak hij me nooit aan wanneer hij iets van me wilde. Hij knipperde eens met zijn ogen of keek me alleen maar heel speciaal aan. Wilde hij de boter of nog een kop koffie? Ik heb hem vaak genoeg gezegd dat hij zijn mond moest opendoen! Maar nee, ik moest dat raden. Hij dacht dat ik zijn gedachten kon lezen. En weet je, na een tijdje kon ik dat ook, omdat zijn verwachtingen vrij voorspelbaar waren. Dat vond hij dan weer geweldig: "Zoetje, wat weet jij toch goed wat ik wil!" Hij was enorm gehecht aan zijn krant bij het ontbijt. Niemand, maar dan ook niemand mocht ze openslaan voor meneer ze gelezen had. Hij wilde ze kreukvrij in handen krijgen. Ik mocht niet meelezen. Ik moest daar blijven zitten. Wachten, tot hij klaar was.'

Met eten?
'Met lezen! Ja, dat klinkt nu misschien wel komisch en ik lach er nu zelf ook om, maar het was niet grappig. Vanaf die eerste maanden wist ik: hier klopt iets niet.'

Maar met zulke concrete, organisatorische eisen valt misschien nog te leven, of niet?
'Wij hebben ook veel grotere problemen gehad. Onder meer op het seksuele vlak. Hij had totaal geen inzicht in mijn emoties en hield enkel rekening met zijn eigen merkwaardige opvattingen. Dat trouwboekje moest vol. Letterlijk. Ik weet niet hoe het nu zit, maar toen waren er onder de titel "kinderen" nog tien blanco vakjes. Eigenlijk had ik hem na de geboorte van ons eerste kind moeten verlaten, om wat hij me toen aandeed.'

Wat gebeurde er toen?
'Hij wilde meteen weer vrijen, al in de kraamkliniek. Ik was drie dagen eerder bevallen. Ik heb dat als een verkrachting ervaren. Hij heeft mij daar enorm diep mee gekwetst. Het is een trauma dat niet meer heelt.
En het bleef niet bij die ene keer. Mijn thuiskomst was een koude douche. Ik had alles zo schoon en ordelijk mogelijk achtergelaten, omdat ik wist dat hij met het huishouden niet uit de voeten kan. Wat een janboel trof ik aan! Herbert wilde daar niet over spreken. Hij wilde maar één ding. Met mij naar bed. Want een echtgenote moest volgzaam zijn. Ik vertelde hem dat ik vond dat hij me geweld aandeed. Hij meende dat hij alles met mij mocht doen wat hij wenste. "Als ik jou wil vastbinden, doe ik dat."
In die tijd ging hij geregeld naar seksfilms kijken. Alles wat hij op het doek zag, vond hij "normaal" en met mij deed hij dat dus ook. Ik had bij wijze van spreken geluk dat ze in die tijd alleen nog maar *soft* porno draaiden!'

Je had hem erom moeten verlaten, zeg je, maar je deed het niet.
'Waar moest ik naartoe? Niet naar mijn ouders. Die waren van de oude stempel: eens getrouwd, altijd getrouwd. Ik was

ook bang voor wat hij zou doen. Hoewel hij me toen nog niet sloeg. Ik denk dat hij die energie nog kon afreageren in de politieke betogingen waaraan hij gretig deelnam. Al wat links was, kreeg ervan langs. Met de gummistok. En hoewel hij het maar slecht kon zeggen, kon hij wel brieven schrijven. Die stonden bol van de verontschuldigingen voor wat hij me aandeed en van de liefdesverklaringen. In van die gezwollen taal: "Wij, mijn liefje, gaan overwinnen boven alles".'

Wat vond jij van zijn extreme politieke standpunten?
'Ik leerde snel dat het beter was niet openlijk tegen zijn mening in te gaan. Hij duldt geen tegenspraak en kent geen nuance. Alleen goed of slecht. En het is heel eenvoudig: al wie tegen hem is, is slecht. Ik denk dat ze hem toentertijd in die politieke bewegingen vaak hebben misbruikt. Herbert voert alles uit wat men hem opdraagt. Zonder aan de gevolgen te denken. Knip!, en hij doet het. Ik zie het ook terug in onze zoon: zoals je zegt, "dek de tafel", zo zou hij een medeleerling afrossen indien je hem dat vroeg. Van Herbert weet ik dat hij op verzoek van zijn "vrienden" criminele feiten heeft gepleegd. Ik heb gelukkig ook sommige zaken kunnen verhinderen.'

Die rechtse ideeën, hoe dacht jijzelf daarover? Straalde zijn engagement niet op jou en de kinderen af? Stoorde je dat niet?
'Het waren niet mijn ideeën. Ik stem niet voor het Vlaams Blok. Maar ik leefde met Herbert en ik moest het met hem zien te redden. Zodra we getrouwd waren, mochten er geen vrienden van mij meer over de vloer komen. Alleen nog de zijne. Ook Blokkers. Daar zitten best aardige mensen bij en ik heb altijd geprobeerd om met Jan en Alleman overeen te komen.

Herbert had vrienden in Duitsland, rasechte nationaal-socialisten, met wie hij samen naar een betoging trok toen we daar op vakantie waren. Duitsland was het enige land waar wij op vakantie gingen. Herbert wilde nergens anders heen. Ik ging niet mee naar die betoging. Ik durfde niet. Herbert trok trots een SS-jas aan. Dat deden zelfs die Duitse nazi-sympathisanten niet. Ondanks hun superrechtse ingesteldheid dachten en handelden ze lang niet zo rechtlijnig als Herbert. Het begon me meer en meer op te vallen dat hij daarin toch erg uitzonderlijk was. Zijn denkpatroon is veel extremer, veel fanatieker ook dan dat van de gemiddelde extreem-rechtse politicus. Tegelijk spreekt hun taal en gedachtegoed hem als autist zo aan omdat het simpel, rechtlijnig en herkenbaar is. Voor Herbert is dit de perfecte beweging. Links is veel te moeilijk, veel te onduidelijk. Ook dat zie ik bij de kinderen terug.
Ze moeten van Herbert naar de nationalistische jeugdbeweging. Ze worden daar zogenaamd "gevormd", maar ik noem dat indoctrinatie. Gert laat zich gewillig meeslepen. Voor hem is het makkelijker wanneer hij niet zelf moet nadenken. Mijn andere kinderen laten zich gelukkig niet zo doen. Die komen thuis en zeggen: "Ik vind dat het niet klopt, wat ze daar vertellen".'

Tien kinderen, het is er dan toch niet van gekomen. Hoe heb je dat kunnen verhinderen?
'Na ons vijfde heb ik mij laten steriliseren. Hij is me dat eeuwig kwalijk blijven nemen. Slingerde me een sliert verwijten naar het hoofd. Ik was een slechte moeder. Terwijl ik dat besluit had genomen omdat ik echt niet meer kón. Ook lichamelijk niet: mijn ziekte begon haar tol te eisen en de artsen raadden me dringend aan niet meer zwanger te worden.'

Kan hij goed met de kinderen om?
'Nee, hij kan het gewriemel niet aan. Het moest voor Herbert altijd heel stil zijn, maar kinderen, tja, die zitten niet stil. Die maken lawaai, die rennen heen en weer. Wij hebben een lange eettafel en Herbert zat steevast op zijn vaste plekje aan het uiteinde. Altijd met een pantoffel binnen handbereik. Als er nog maar één durfde verpinken, paf! Die kreeg die pantoffel tegen zijn hoofd. Erger dan in het leger.
Ze moesten blijven zitten tot hij klaar was, en dat duurde lang. Want Herbert eet veel en traag. 's Morgens altijd dezelfde routine: om zeven uur moest hij de deur uit. Elke ochtend liep de wekker al om vijf uur af, want Herbert had ontzettend veel tijd nodig om zich klaar te maken. Vergeet niet dat ook die krant gelezen moest worden! De kinderen moesten voor zeven uur allemaal aan tafel zitten, vond Herbert, want hij wilde afscheid van hen kunnen nemen. Ik moest om tien over zes opstaan om zijn boterhammen te smeren. En omdat we vlak bij de school woonden en ze maar om kwart over acht de deur uit moesten, liepen de kinderen na dat vroege ontbijt nog een uur lang rond in huis.'

En wanneer je je niet aan die regeling hield?
'Dan werd hij heel boos. Wij stonden daar niet meer bij stil. Wij deden gewoon wat hij vroeg, ter wille van de lieve vrede. Daar doet een mens enorm veel voor, om die te bewaren! Ik vond dat normaal, ik groeide daar ook in.
Weet je wat het is met zo'n huwelijk? Altijd maar geven, geven, geven. En nooit iets terugkrijgen. Tot je leeggegeven bent. Kijk, ik hoefde geen cadeaus of zo. Die kreeg ik trouwens maar zelden. Maar een beetje meer inleving van zijn kant, een grotere inzet voor mij en de kinderen... Als huismoeder keek ik altijd erg naar het weekend uit, in de hoop

eens iets bijzonders te kunnen doen. Samen eropuit trekken vond ik al heel wat. Hoefde niet, vond Herbert. Hij wilde alleen maar languit op de bank liggen. Maar 's avonds, ja, dan moest ik voor hém weer klaarstaan.
Bij alles waarin ik vragende partij was, was zijn eerste antwoord altijd "nee". Dat heeft Gert ook, die negatieve instelling. Bang voor nieuwe of onbekende dingen.'

Jij bleef thuis bij de kinderen. Herbert bracht het geld binnen: lukte dat een beetje?
'Hij is ontzettend vaak werkloos geweest. Altijd begon hij met groot enthousiasme aan een nieuwe job. En dan zag ik dat wegsmelten tot ik wist: straks zit hij weer thuis. Ooit heeft hij eens twee jaar zonder werk gezeten. En geen klap uitvoeren! De kinderen moesten zelfs naar de opvang wanneer ik ergens naartoe wilde. Ik werd er niet goed van.
Ik heb zijn ex-collega's eens gevraagd wat er zo moeilijk ging. Hij kan niet in teamverband werken omdat hij de anderen zo moeilijk begrijpt. Hij snapt hun moppen niet, de dubbele bodems ontgaan hem. "Jij met je fiets op je neus!" Hij ziet niet in dat dat onschuldig bedoeld is.
Wij hebben zwarte sneeuw gezien. Nauwelijks inkomsten, vijf hongerige, kleine kinderen. Wij leefden van de restjes van de winkel naast de deur. Maar Herbert niet. Herbert moest en zou vlees eten. En wij aten afval. *(Ze stokt even)* Ik verzeker je, als je zo arm bent, kom je niet meer buiten. Dan heb je het geld niet om presentabel voor de dag te komen.
Als alleenstaande moeder moet ik hen vandaag ook nog vaak dingen ontzeggen. Maar ik sta er nu veel beter voor dan toen. Want hij gaf geld uit aan prullen. Nep-gsm's voor de kinderen, met een muziekje erin. En dus hadden we geen geld voor nieuwe schoenen en konden de kinderen nooit mee op

zomerkamp. Nu ik er alleen over beslis, stel ik andere prioriteiten. Ik geef mijn geld enkel aan degelijke spullen uit.'

Waar werkt Herbert nu?
'In een beschutte werkplaats. Ook daar hebben ze hem apart gezet. Want hoewel hij intellectueel hun meerdere is, staan die mentaal gehandicapten sociaal veel sterker. Wiens boterhammen stoppen ze weg? Die van Herbert natuurlijk.'

Had je er geen spijt van dat jijzelf niet uit werken ging toen de nood zo hoog was?
'Kijk, Herbert wilde ook vooruit, naar een ander en beter huis. Maar in zijn ogen moest een vrouw thuiszitten om haar man zijn pantoffels te brengen. Dat was een van zijn stokpaardjes. Wanneer ik me daartegen verzette, was ik meteen een dolle Mina. Zolang ik bereid was om te leven volgens zijn regels, bleef het draaglijk. Ondanks het feit dat er zoveel dingen gebeurden die ik niet kon thuisbrengen. Een mens schaaft al eens een idee bij, schuift al eens naar het midden op. Hij niet. Nooit.
Al kon hij wel van het ene extreem in het andere vallen. Eerst wilde hij niet trouwen in de kerk. We deden het toch, omdat dat moest van mijn ouders. We gingen nooit naar de mis. En dan plots, na ons zoveelste kind en na onze verhuizing, wilde hij dat we elke zondag om tien uur in de hoogmis zaten. Dat was geen makkelijke opgave, met zo'n stel kleine kinderen. We stonden in het dorp al snel bekend als hét modelgezin. Dat is nogal wat geweest hoor, toen wij uit elkaar gingen!'

Je hebt er al bij al vrij lang over gedaan voor je die stap deed.
'Ik ben niet getrouwd met het idee dat je eruit kunt stappen. Ik was en ben nog altijd gelovig. Ik heb daar voor het altaar

iets beloofd en het viel me heel zwaar om met hem te breken. Ik faalde. Overal ging ik naar antwoorden zoeken: bij het sociaal centrum, bij een pater, bij een non, bij de thuisbegeleider van onze zoon. Maar toen ik eenmaal wist dat Herbert ook autisme had, was mijn huwelijk ten einde. Ik wist dat die relatie geen zin meer had. Ik kan dat niet meer opbrengen, niet voor de rest van mijn dagen.'

Voor je zoon kun je het wel?
'Dat is toch van een andere orde. Een kind luistert beter, ik ben tenslotte zijn moeder. Hij is nog niet zo gevormd dat hij thuis de wetten stelt. Ik kan nog stukjes van zijn gedrag corrigeren. En bovendien verwacht ik van een partner iets anders. Je wilt niet alleen maar geven. Ik kwam op een punt dat ik wist: of ik beland in een psychiatrische instelling, of ik stop ermee. Zelfs door mijn ziekte heb ik nooit zo diep in de put gezeten. Al blijf ik mij tot op heden erg schuldig voelen: ik heb het niet gekund.'

Heb je je nooit afgevraagd of het niet aan jou lag?
'Nee, maar Herbert speelde daar wel op in. Hij praatte me de gedachte aan dat ik een slechte moeder was. Hij wist mijn gevoeligheden subtiel te bespelen. Ach, naar buitenuit probeer je het toch altijd te verschonen. Dat deed ik ook toen ik nog met hem getrouwd was. Als iemand me zei: "Herbert is toch een klier", begon ik altijd over zijn moeilijke jeugd en zijn vader die vroeg gestorven was. Je wilt niet met zo'n vervelend mens getrouwd zijn!
Sommige zaken blijven ook vandaag nog te moeilijk om te vertellen. De veelvuldige seksuele mishandelingen. De tientallen keren dat hij me buitensloot en ik huilend op de fiets rondjes reed door het dorp. De kinderen die ik achter de deur hoorde huilen: "Mama! mama!" Hartverscheurend.

Hij is een tijdlang erg agressief geweest. Hij sloeg mij letterlijk tegen de deur. Bont en blauw was ik. Maar nooit naar de politie of de dokter gestapt: dat speelt nu in mijn nadeel. Ik kan niets bewijzen. De psychische agressie vond ik al even erg: mij vernederen in het bijzijn van de kinderen. Uitgerekend wanneer ik klaarstond om te gaan zingen in het kerkkoor. Tot ik in tranen uitbarstte, en dan vertrok ik natuurlijk niet meer. Dan deed hij ineens weer poeslief. Herbert hield er niet van dat ik me buitenshuis engageerde. Hij wilde me het liefst van al opsluiten. Ook met de kinderen probeerde hij dat: er mochten nooit vriendjes komen spelen. Daar heb ik mij met hand en tand tegen verzet.
Later heb ik toch weer een baan aangenomen. Wat lijnrecht tegen zijn visie inging, maar zonder die job waren we er financieel nooit meer bovenop gekomen. Hij voelde toen goed aan dat hij zijn greep op mij aan het verliezen was.'

Wat je nu afwijst, heb je jarenlang geslikt. Weet je hoe hij je zover kon krijgen?
'O, maar dat heeft alles met mijn eigen jeugd te maken. Mijn vader was krijgsgevangene geweest en hij moet veel ontberingen en lijfstraffen hebben ondergaan. Met ons deed hij dezelfde dingen. Ik heb nooit begrepen waarom mijn moeder dat liet gebeuren! Ik was als kind een moeilijke eter, een lastige slaper. Erg angstig ook. Wanneer ik niet kon slapen, stopte mijn vader mij 's nachts in zijn grote, donkere werkplaats, in een kolenzak die hij dichtknoopte boven mijn hoofd. Zo léér je onderdanig zijn. Je leert andere normen accepteren dan de meeste mensen. Ik heb nog altijd de grootste moeite om iets aan anderen te vragen. De dokter bellen, ook al ben ik echt ziek: ik voel me er nog altijd ongemakkelijk bij.

Herbert paste in dat plaatje. Temeer omdat hij niet alleen dominant was, maar ook heel afhankelijk. Als ik toen we pasgetrouwd waren tegenwierp dat ik echt niet meer kon, viel hij prompt op zijn knieën en smeekte me om vergiffenis. Dan deed hij weer twee weken zijn best. Maar nooit langer. Hij ondermijnde mijn zelfvertrouwen. Ik zal je een voorbeeld geven: wanneer we 's avonds tv-keken en er begon er boven eentje te huilen, vroeg ik of hij er eens naartoe wilde, omdat ik ook moe was na zo'n dag met de kinderen. Dat deed hij wel, maar hij zette gelijk de tv af, of toch minstens het geluid. En ik zát daar nog. Was ik dan zo onwaardig?
Hij verbood me ook contact te houden met mijn familie. Alleen die paar familieleden die hij kende, mochten bij ons binnen. Pas na mijn scheiding leerden onze kinderen hun neven en nichten kennen. Mijn oudste dochter was toen al achttien.'

Weet zijn familie wat er met Herbert aan de hand is?
'Als de kinderen bij hem zijn, springen zijn moeder en zijn zus heel vaak in voor de opvang of het eten. Ze voelen op de een of andere manier toch aan dat hij daar niet goed in is. Hij kan maar twee gerechten klaarmaken: friet en spaghetti. De jongsten vinden dat nog leuk, maar de oudsten niet.
Ik vergeet nooit wat zijn moeder zei toen we trouwden: ze was zo blij dat hij "eindelijk van de straat af" was, want "het is mijn raarste". Hij is vaak van school moeten veranderen. Maar nu, nu ben *ik* de schuldige, hoor. Nu is het "mijn kind, schoon kind". Ze weet wat er schort, en tegelijk *wil* ze het niet weten.
Dat ze mij voor ons huwelijk niet meer uitleg heeft gegeven, heb ik altijd erg jammer gevonden. Ik heb nergens steun gekregen, niet van mijn familie, niet van de zijne. Daarom voel ik me zo goed in de partnergroep van de Vlaamse Vereniging Autisme. Daar kan ik mijn verhaal eens kwijt, daar vind

ik gehoor. En we herkennen elkaars verhalen. Het gaat wel telkens om andere mensen, met hun eigenheden, maar toch zien we ook een rode draad.'

Denk je dat Herbert zou kunnen veranderen indien hij zijn probleem zou inzien?
'Hij ziet heus wel dat hij anders is. Dat heeft hij recentelijk geregeld aan verscheidene mensen laten horen. Aan onze dochter heeft hij verteld dat hij graag op café wil gaan om mensen te leren kennen, maar dat hij niet weet hoe hij dat moet aanpakken. Hij kan geen contact leggen. De laatste jaren van ons huwelijk zat hij altijd thuis, bij mij. En aan de thuisbegeleider van Gert heeft hij gezegd: "Ik ben ook zo." Maar hij wil niet naar een psychiater: "Ik ben niet gek, zeg." Veranderen? Ik geloof het niet. Hij kán niet anders. Hij werd natuurlijk nooit begeleid en opgevolgd, zoals onze autistische zoon. Misschien had hij verder kunnen staan als hij van jongs af aan hulp had gekregen. Hij zou er niet minder autistisch om geworden zijn. Maar hij had het beter kunnen plaatsen. Zoals hij nu is, valt er niet met hem te leven. *Ik* kan het toch niet.'

Als je zoon een vriendin vindt, zul je haar dan waarschuwen?
'Ik zal haar zeker op de hoogte brengen. Ja, dat denk ik toch. Of ik zal ervan uitgaan dat zij bij haar keuze voor mijn zoon begeleid zal worden. Dat hoop ik. Nu ik erover nadenk, begin ik te twijfelen. Wat zég je tegen zo'n meisje? "Het is een rare kwibus, pas maar op!" Hoe komt dat over? Denkt ze dan niet veeleer dat ze niet welkom is?'

Zie je Herbert nog wel eens?
'Vaak. Dan staat hij plots weer voor mijn deur. Hoe hij er dan bijloopt! Triestig, hoor. Kleren die in de verste verte niet bij

elkaar passen. Vroeger kleedde ik hem altijd. Hij gaat niet graag winkelen en dus naaide ik alles zelf.
Onze trouwdag! Dat schiet me nu weer te binnen. Ik had zijn schoenen gekocht, want hij had geen geld omdat hij twee weken eerder zijn werk was kwijtgespeeld. Een uur voor we in de kerk moesten zijn, belde hij aan: zijn pak paste hem van geen kanten! En zijn haar! Hij had het zelf geknipt en het leek nergens naar. Maar er was niets meer aan te doen. We stonden ervoor en we moesten erdoor. Ook al schaamde ik me rot.'

‘Moet ik mijn kind tegenhouden?’

Al twintig jaar zijn ze gescheiden, haar ex-man is al geruime tijd hertrouwd. En nog maakt Trees (57) zich zorgen om zijn levenssituatie. Gilbert is aan de drank, heeft er een ruime erfenis doorgejaagd, en krijgt om de haverklap de deurwaarder op bezoek. Trees en haar intussen volwassen kinderen zouden graag zien dat Gilbert zich laat helpen door een bevriende advocate die zijn financiële en administratieve situatie wil uitvlooien. ‘We hopen dat hij die hulp aanvaardt om uit de penarie te geraken!’

Een officiële diagnose van autisme heeft Gilbert niet. Het duurde lang voor Trees besefte wat er aan de hand was. ‘Na twaalf jaar huwelijk ben ik gescheiden omdat ik het financiële gerotzooi niet meer pikte. Pas later vernam ik van een ambtenaar op het Klein Kasteeltje, waar miliciens vroeger gekeurd of afgekeurd werden, dat Gilbert, *ik citeer:* “niet echt autisme had, maar toch een vorm van autisme”. Toen gingen mijn ogen open.’

Behalve een dochter hebben Trees en Gilbert ook een zoon, Jeroen, die nu 28 is. Jeroen was nog jong toen men ontdekte dat hij autisme had en wordt al zijn hele leven uitstekend begeleid door thuisbegeleiders autisme en andere hulpverleners. Jeroen staat voor de tweede keer op het punt zich te verloven en Trees ziet dat wel zitten. Ze meent dat hij kan slagen waar zijn vader faalde: in een relatie stappen en die volhouden tot tevredenheid van beide partners. ‘Want hij heeft een veel beter karakter dan mijn ex-man.’ Een paar weken na dit gesprek laat Trees weten dat de verloving is afgesprongen.

Wat denkt je ex-man van een mogelijke diagnose? Staat hij ervoor open?
'Hij ontkent resoluut dat er met hem iets mis zou zijn. Ook nu nog. Hij is dan ook de enige die zichzelf normaal vindt. In zijn omgeving wordt hij door nagenoeg iedereen als een "rare" gezien. Dat vond ik al bij onze eerste ontmoeting ook. Het was opvallend hoe slordig hij er bijliep. Jas zonder knopen, de voering los, broek smerig. Ik dacht eerst dat hij door zijn ouders verwaarloosd werd. Ik moest dat beeld bijsturen toen ik die mensen leerde kennen: een aardig, vriendelijk, ouder echtpaar. Gilbert was enig kind. Voor hem had zijn moeder een reeks miskramen gehad. Hij was slim, werd bewonderd door de hele familie. Ja, nogal verwend. Ze kregen niet veel van hem gedaan.'

Toch viel je voor hem.
'Ik leerde zijn intelligentie kennen. Zijn wiskundig genie. Maar ik ben tot op onze trouwdag nog blijven twijfelen. Ik maakte vreemde voorvallen mee. Zo liep hij mij eens op straat voorbij zonder mij te herkennen. Helemaal in gedachten verzonken. En ik had nog wel een knalrood mantelpak aan! Dat was heel bizar. Hij liep houterig en had geen tafelmanieren. Hij was een vlotte prater, maar babbelde altijd over hetzelfde thema. Niet over koetjes of kalfjes. Ooit heb ik de relatie verbroken omdat ik me moe ergerde. Maar ik liet me paaien en gaf toch weer toe.
Onze trouwdag zie ik nog scherp voor me. Mijn schoonmoeder zorgde voor de ringen en kocht het bruidsboeket, want Gilbert had daar geen benul van. Toen de auto bij het gemeentehuis voorreed, moest ik zelf de deur openen en daarna als een hondje achter hem aanlopen. Ik voelde me erg tekortgedaan. Ik had me die dag veel romantischer voorge-

steld. Daarna naar de kerk. Gilbert was overtuigd vrijzinnig, maar we vonden een priester die bereid was een soort van kerkelijke dienst te celebreren tijdens welke alleen ik me kerkelijk engageerde. Ik trouwde dan wel met veel twijfels, maar áls ik het deed, wou ik het wel meteen goed doen. Om die reden heb ik ook veel geaccepteerd in dat huwelijk.'

Hield hij van jou?
'Jawel. Maar hij kon dat zo moeilijk overbrengen. Wanneer hij thuis was, lag hij graag op de bank. Toen ik hem vertelde dat ik zwanger was, vond hij dat fijn, maar hij kwam niet van die bank af. Alsof iets hem ervan weerhield om toenadering te zoeken.'

Ben je daarom van hem gescheiden?
'Om een heleboel redenen. Ik zat gewoon op een aanleiding te wachten. Op een dag klopte de deurwaarder aan omdat Gilbert geen onroerende voorheffing wilde betalen. Uit principe. Toen wist ik zeker dat ik niet meer bij hem wilde blijven. Ik heb die achterstallige rekening betaald en ik ben bij hem weggegaan. Mijn omgeving juichte dat toe. De vrederechter, die onze problemen kende, verzuchtte: "Eindelijk!" Je had ons huis moeten zien! Zijn werkkamer lag vol met achterstallige rekeningen, dagafschriften en allerlei papieren van verenigingen en voorzitterschappen. Eén grote wanorde. Ik mocht daar niet aankomen. Op een dag ruimde ik de la van zijn nachtkastje uit. Daar lag een envelop met dagafschriften in. En door mijn ingreep waren die papieren uit de envelop geschoven. Gilbert heeft daar staan bij huilen! Hijzelf is enorm chaotisch, maar in die chaos zit een bepaalde orde die hij absoluut gerespecteerd wil zien. Dat is voor mij nogal contradictorisch.

Zoals hij in zijn werk als informaticus een kei is, maar ook op zo'n wanordelijke manier. Ooit heeft hij eens een vergadering een uur lang onderbroken omdat de penningmeester een halve frank te weinig had op zijn rekening. Een halve frank! Ze stoppen hem er een in zijn hand: "Hier heb je je halve frank!" Maar het mocht niet baten. Die rekening moest kloppen. Nu ik erop terugkijk, weet ik: dát is autisme.'

Maar toen wist je het niet en ergerde je je aan alles.

'Als ik het geweten had, had ik misschien anders kunnen reageren. Misschien. Ik weet het niet. Ik nam de rol van Gilberts moeder over: ik gaf hem 's morgens zijn kopje melk met twee klontjes suiker en 's avonds zijn bord pap. Gezellige etentjes zaten er voor ons niet in.

Met die klokvaste gewoonten had ik niet zoveel moeite. Meer met zijn manier van doen. De onhandige wijze waarop hij met zijn bestek zat te knoeien! Zijn gierigheid: hij wilde eigenlijk het liefst van al nergens voor betalen. Ook niet voor het huishouden. Ik heb vaak uit eigen zak bijgepast. Bij de aankoop van ons huis berekende hij nauwkeurig wie welk aandeel had: ik "verdiende" niet meer dan eenderde. Dat werd in de notarisakte vastgelegd. Dat ik het leeuwendeel van het huishouden voor mijn rekening nam, dat telde hij niet mee. Hij werd zelfs kwaad toen ik hem daarop durfde te wijzen.

En hoe vaak ben ik 's nachts niet opgestaan om hem af te halen aan het station of zelfs in Brussel. Dan had hij na een late vergadering ook de laatste trein gemist. Gilbert had geen rijbewijs. Hij was een fanatiek pleitbezorger van het milieu. Wanneer hij me dan op onmogelijke uren belde, zei hij haast niets, behalve het tijdstip waarop ik bij het station moest staan: "Nul uur drieëntwintig". En daarna de hoorn weer op de haak. Ja, het is makkelijk om voor het milieu te zijn, als je je altijd door een ander laat halen en brengen!'

Twintig jaar na de scheiding bezorgt hij je nog altijd hoofdbrekens. Hoe komt dat?
'Na onze scheiding is zijn situatie er zeker niet op verbeterd. Hij heeft goed verdiend, hij heeft geërfd en hij had nog bijverdiensten ook. En toch heeft hij nu geen rooie duit meer en is hij ook niet aangesloten bij de ziekteverzekering. Drie keer al heb ik hem geld gegeven. De kinderen zeggen dat ik dat niet meer mag doen. De vierde keer heb ik het geweigerd. Hij is hertrouwd, maar ik weet niet of dat huwelijk een succes is geworden. Ik weet niet wie van hen het geld over de balk heeft gegooid. Soms ben ik bang voor onze kinderen: als Gilbert zo doorgaat, moeten zij straks nog voor zijn levensonderhoud instaan!'

Zien de kinderen hem vaak?
'Gilbert zoekt geen enkel contact met hen. Jeroen zoekt hem wel af en toe op. Ik veronderstel dat ze dan de hele avond over hun gezamenlijke interesse praten: de computer!'

Lijken je ex-man en je zoon erg op elkaar?
'Ja en nee. Allebei zijn ze keien in wiskunde. Maar Jeroen is niet zo houterig en niet zo mager. Hij is blond zoals ik, en atletisch gebouwd. Hij heeft een zwak voor vrouwelijk schoon. En de meisjes vallen bij bosjes voor zijn uiterlijk. Jeroen is seksueel ook tamelijk temperamentvol. Hij gaat veel dansen en pikt dan geregeld een liefje op. Vaak meisjes met een diploma: hij weet hen wel te kiezen! Maar meestal duurt het niet lang.
Ik zie vooral verschillen omdat Jeroen is opgegroeid in heel andere omstandigheden dan mijn ex-man. Hij was niet het

enige kind. Jeroen moest rekening houden met zijn zus. We hebben altijd geweten dat hij autistisch was en hij heeft daar aangepaste begeleiding voor gekregen. De jeugdbeweging was een succes: altijd stipt op tijd. Hij heeft ooit een prijs van "de beste scout" gekregen. Zijn spullen moesten in orde zijn. En ze waren het!
Hij heeft ook veel mensen om zich heen die hem willen helpen en die hij geregeld opzoekt. Zijn vrienden nemen hem in bescherming. Zijn beste vriend heeft zelfs ooit voor hem gevochten! Er zijn er natuurlijk ook die niets van hem moeten hebben, of hem uitlachen.'

Je zoon woont nog bij je in. Zou hij er iets van terechtbrengen in zijn eentje?
'Hij heeft toch op kamers gewoond toen hij nog verpleegkunde studeerde. De theoretische vakken kon hij aan, maar van de praktijk bracht hij niets terecht. Hij moest stage lopen bij bejaarden. Op een dag werd er een kanunnik binnengebracht met een terminale ziekte. "Maar meneer", zei Jeroen, "dat zal wel overgaan". Een andere patiënt gooide van frustratie een emmer water over Jeroens hoofd uit. Ik kan mij voorstellen wat daar gebeurd is: hij kan soms zo onhandig zijn! Toch heeft hij er praktische regels opgestoken: over voeding, het menselijk lichaam, hygiëne. Hij gebruikt nog elke dag twee schone washandjes.
Na zijn studententijd is hij weer thuis komen wonen. Hij wil hier nu niet meer weg. Maar hij leidt wel zijn eigen leven, ik organiseer het nu niet meer voor hem. Hij voelt zich goed bij mij, de buren kennen hem en hij neemt enthousiast deel aan het verenigingsleven. Als hij zou trouwen, zegt hij, zouden ze bij mij intrekken.'

Gaat hij trouwen?
'Dat lijkt hij toch van plan. Sinds een paar jaar reist Jeroen geregeld in zijn eentje naar verre continenten. Op een van die reizen heeft hij zijn verloofde ontmoet, Monica. Ik ken haar alleen van foto's. Het ziet er een heel lief meisje uit. Ze corresponderen veel per e-mail.'

Hij was al eens eerder verloofd: dan toch een relatie die langer duurde...
'Drie jaar heeft die geduurd. Zij was een medestudente van Italiaanse afkomst. Tina is ook vaak bij mij thuis geweest. Ze brachten samen het weekend bij mij door. Over trouwen heeft hij toen nooit gesproken. Na hun studententijd hadden ze een relatie-op-afstand. Tina was een heel braaf meisje, die dat allemaal accepteerde. Ik hoor dat Monica een tikkeltje kordater is. Dat heeft Jeroen nodig: iemand die van aanpakken weet.'

Is het eigenlijk wel goed dat ze gaan trouwen? Is dat meisje op de hoogte van Jeroens autisme?
'Hij heeft het Monica verteld, zegt hij. Voor haar is dat geen probleem. Dat zit dus goed. Als zij tenminste beseft wat het betekent. Ik kan dat moeilijk inschatten. Maar ik hoop dat zij er beter mee om zal kunnen omdat zij uit een andere cultuur komt, waarin vrouwen zorgzamer zijn, traditioneler. Ze heeft hem geschreven dat zij zijn was zal doen. Hij zegt dat het heel goed gaat tussen hen. Zoiets heeft hij over Tina nooit gezegd. En of een huwelijk wel goed is voor haar? In elk geval zal hij naar haar opkijken. In vergelijking met de mannen in haar land, die hun vrouw slaan, of haar snel weer verlaten, kan dat een groot voordeel zijn. Misschien is zo'n aandoening niet overal ter wereld een even grote handicap. Ik weet ook dat

Monica ervan droomt om naar België te komen. Terwijl hij zich liever in haar land zou vestigen. Hij kan de stress van zijn baan en het jachtige tempo van deze samenleving niet al te best aan.
We zullen wel zien hoe het verder gaat. Ik moet daar niet over oordelen. Ik ben daar niet de geschiktste persoon voor. Hoe twijfelde ikzelf niet, en toch ben ik in dat huwelijk gestapt! En ik heb nu twee schatten van kinderen. Dat betreur ik zeker niet. Bovendien is Jeroen een zachte. Gilbert was een harde, een vervelende kwast, die anderen kon treiteren. Jeroen niet, met hem kun je niet botsen.'

Dus als je man meer zoals Jeroen was geweest, was het wel gelukt?
'Tja. Ik weet het niet. Het zou zeker leefbaarder zijn geweest. Maar een man is toch anders dan je eigen kind. Ik droom van een man op wie ik kan steunen. Op je kind steun je niet. Je investeert er alleen maar in.
Ach, per slot van rekening weet ik niet echt hoe Jeroen zich intiem met een meisje gedraagt. Ik kan daarnaar slechts gissen. Ik zie slechts uiterlijke tekenen. Jeroen is nooit lastig, maar hij trekt wel een muur op tussen zichzelf en andere mensen. Ook met mij doet hij dat. Als hij met mij praat, kijkt hij naar zichzelf in het venster. Dat vind ik wel lastig. Maar voor zover ik me kan herinneren, deed hij dat niet met Tina. En hij pakte haar graag eens stevig beet. Dat weet ik zeker. Jeroen is een echte "flikflooier". Zoals hij mij als kind knuffelde! Ik kon hem straffen door hem 's avonds geen kus te geven.
Al bij al vind ik dat Jeroen veel verbeterd is met de jaren. Hij doet nog altijd zijn eigen zin. Maar vroeger liep hij het huis uit zonder mij daarvan te verwittigen, en bleef dan urenlang

weg. Of hij liet alle deuren wagenwijd openstaan wanneer er niemand thuis was. Terwijl hij mij er nu van verwittigt wanneer hij ergens heengaat. Dat heeft hij toch geleerd. En ik zeg hem geregeld dat hij ook eens attent moet zijn voor zijn meisje. Ik zeg: "Koop voor haar eens een juweeltje, dat hebben meisjes graag!" Want als hij een cadeau kiest, is het altijd iets wat hijzelf graag zou willen hebben. Ik heb van Jeroen eens een cd met muziek van Elvis Presley gekregen. "Dat is toch uit jouw tijd, ma?" Veel goeie wil, dat wel.'

Is dat voldoende, voor het welslagen van een relatie?
(zucht) 'Ik weet het niet, heus niet. Wanneer ik op de tv sportlui zie van een jaar of twintig, valt het me op dat zij al zoveel wijzer zijn dan onze Jeroen, die nochtans ouder is. Jeroen is kinderlijker, naïever. Ook in een groep valt hij op. Terwijl iedereen druk aan het praten is, zit hij maar wat te koekeloeren. Hij probeert wat van de gesprekken op te vangen, maar dat lukt hem niet. Dus kijkt hij naar boven, of strikt hij zijn veters nog een keer. Hij is er wel, maar hij hoort er niet bij. Moet ik daarom verhinderen dat hij trouwt? Kun je je eigen kinderen tegenhouden? Dat kun je toch niet maken, als moeder. Op een gegeven moment moet je hen kunnen loslaten.'

Geeft Jeroen ook om jou?
'Nee. Ik steek energie in hem. Hij niet in mij. Hij houdt geen rekening met mij. Hij kan zich niet inleven. Ooit had ik een ernstige depressie. Hij zei niets, hij vroeg me niets. Maar toen hij terugkwam van zijn wekelijkse bezoek aan de therapeut, vroeg hij plots wel: "Mama, wat is er? Je ziet er niet zo best uit." *(lacht)* Zo was het hem voorgezegd. Daar had ik niets aan, hoor. Maar het was geen kwaaie wil.'

Heb je het gevoel dat je normen verschoven zijn door samen te leven met Jeroen?
'O ja. Alles wat normaal is, valt mij op, bij anderen. Voor Gilbert heb ik me vaak geschaamd. Met Jeroen sta ik boven die dingen. Maar ik heb toch het gevoel dat ik geen normaal leven heb gehad. Ik heb veel gemist. Veel gegeven, en veel gemist. Dat eerste kan me niet schelen. Maar dat tweede: dat valt nooit meer in te halen.'

Stelt het je gerust, als moeder, dat Jeroen iemand gevonden heeft die jouw taak een beetje gaat overnemen?
'Tuurlijk! Ik blijf niet eeuwig leven. Natuurlijk stelt mij dat gerust. Ik veronderstel dat de moeder van Gilbert zich ook zo gevoeld heeft. Die zal ook blij zijn geweest. Maar toen hij het vliegtuig nam om samen met Monica de formaliteiten voor hun huwelijk te gaan regelen, had ik het toch erg moeilijk. Ik weet zeker dat ik Jeroen zou missen indien hij weg zou blijven. De zorg waarmee ik hem kon en moest omringen. Bijna dertig jaar lang heb ik niets anders gekend.'

Vroeger minder zichtbaar

Is autisme een extreme vorm van mannelijkheid? Wordt autisme almaar zichtbaarder omdat de maatschappij te veel flexibiliteit van mensen verwacht? Psychoanalyticus Paul Verhaeghe, hoogleraar in Gent en auteur van het boek *Liefde in tijden van eenzaamheid*, wijst de – vrouwelijke vraagsteller – terecht: wat is 'mannelijkheid'? En wat betekent die zogenaamde 'flexibiliteit' die alom gepromoot wordt?

We leven in elk geval in een meer 'autistiforme' maatschappij dan vroeger, stelt Verhaeghe. Dat betekent dat de westerse samenleving de *uiterlijke* kenmerken van autisme vertoont: 'De groep waarin we leven is de voorbije honderd jaar alsmaar kleiner geworden. Het driegeneratiesgezin ruimde de plaats voor het kerngezin, dat op zijn beurt uiteenspatte in individuen. Vroeger gebeurde alles in de gezamenlijke woonkamer. Toen kreeg iedereen zijn eigen slaapkamer, en nu is die slaapkamer een leefkamer geworden waar elk zijn eigen bezigheden verricht. Het individu staat steeds centraler, het moet "zijn eigen ding" kunnen doen. Alles is gericht op dat ego-belang. Je ziet het ook in de wereld van de consumptie: je kunt nu kookgerei kopen, of een auto, of een flat voor één persoon. In de Verenigde Staten bloeit een hele single-cultuur.'

Paste een autist beter in het vroegere, patriarchale model? 'Ik denk dat sommige autisten minder opvielen in een conventionele maatschappij, omdat autisten niet kunnen afwijken van hun eigen regels en daardoor hyperconventionele mensen lijken te zijn. Maar een autist gelijkschakelen met het mannelijke, patriarchale gezinshoofd dat alles beter wist, gaat te ver. Want dat model van vroeger was "benefiet": de man dacht het beter te weten "in het voordeel" van zijn gezin. Autisten kennen dat niet. Zij denken niet aan het voordeel van anderen. Zij zijn opgesloten in hun eigen denkwereld.'

In die zin, merkt Verhaeghe op, sluiten mensen met autisme beter bij de egomaatschappij van vandaag aan, waarin het eigen ik vooropstaat. Minder dan vroeger put het individu normen en waarden uit de familie en de ruimere cultuur waartoe het behoort, of waartegen het zich afzet. Nu zoekt men vrijwillig de veel kleinere 'peergroup' op, met haar eigen normen en waarden. En áls een autist daarbinnen een plaats vindt, is hij de hyperperfecte 'peer'.

'Sommige mensen met autisme – vaak de hoogbegaafden – functioneren op basis van een "alsof"-persoonlijkheid. Anders gezegd, ze kunnen heel goed nabootsen. Kijk naar de man van Moniek in dit boek: hij is de nazi bij uitstek. Hij neemt geen enkele afstand en kan niet nuanceren. Maar je moet je niet op dat nazisme verkijken, het werkt immers in alle richtingen. Het kan ook om extreem-links of extreemgroen gedrag gaan. Bij een autist moet je voorbij de inhoud kijken, naar de psychische structuur die erachter schuilgaat. Dát is de kern van de zaak.'

Wat niet wil zeggen dat deze egotijd de best mogelijke is voor mensen met autisme. Integendeel, zegt Verhaeghe. 'De klassieke rolpatronen van vroeger zijn uiteengespat. De stereotypen, waarachter mensen met autisme zich konden verschuilen, zijn weg. Wat is een typische man en hoe gedraagt een typische vrouw zich? Ieder moet dat nu voor zichzelf uitzoeken. Niets ligt nog voor de hand, niets is nog voorspelbaar: niet hoe je je gedraagt in bed, niet hoe je de kinderen opvoedt. Vooral de gewone man en vrouw knappen daarop af.'

Hoe werkt dat nieuwe gegeven bij autistische koppels? 'Hét hedendaags relatieprobleem is de onzekerheid, de onvoorspelbaarheid. Hoe vreemd het ook moge lijken, ik denk dat zo'n partner met autisme op bepaalde momenten ontzettend veel zekerheid geeft. Geen leuke zekerheid misschien, maar je weet tenminste wat je van hem of haar mag verwachten. Autisme, dat is tenminste "duidelijk". Zelfs als het dan om onaangename trekjes gaat, creëert die voorspelbaarheid toch een gevoel van veiligheid bij de partner', meent de psychoanalyticus.

Hij vraagt zich wel af hoe de partners met autisme passen binnen het levensverhaal van vrouwen of mannen die met hen getrouwd zijn. 'Het speelt niet steeds een rol, want sommigen hebben elkaar echt bij toeval getroffen. Maar vaak is het antwoord er wel, al kent de niet-autistische partner het zelf niet altijd. Hoeveel partners zijn verpleegster of hebben een ander diploma van verzorgingsassistente op zak? Ik denk ook aan Moniek, die een pathologische relatie ontwikkelde met haar ex-man omdat ze door haar getraumatiseerde vader mishandeld werd in haar jeugd. Dat is leed dat van generatie op generatie wordt overgedragen. Therapie op het juiste moment had in zo'n geval zeker iets kunnen betekenen.'

Zouden verhalen als deze een halve eeuw geleden hetzelfde hebben geklonken? 'Vast niet', zegt Verhaeghe. 'Ze zouden niet eens naar boven zijn gekomen. Als je ze gehoord zou hebben, zou het accent vermoedelijk gelegen hebben op de toenmalige vanzelfsprekende huwelijksverhouding, waarin de een zich wegcijferde voor de ander en dat op de koop toe aanvaard-

de. Nu lees ik in deze interviews dat die partners die het wel aanvaarden, dat doen op grond van de diagnose. Men moet blijkbaar een gemedicaliseerde grond hebben om het te kunnen dragen. Vroeger viel men terug op een religieuze grond: je bleef bij elkaar ook "in ziekte en tegenspoed" en "tot de dood ons scheidt". In dit egotijdperk vertrekt men vaak zodra het niet meer klikt. Maar een ziekte is blijkbaar iets anders.'
Hoe staat het met vrouwen die zeggen dat ze eigenlijk zouden willen scheiden, maar het toch niet doen omdat hun autistische man dan in de marginaliteit belandt? Verhaeghe: 'Je moet ook luisteren naar de betekenis áchter die woorden. Hun man heeft veel hulp nodig en zij geven die. Door te geven, verwerven zij een positie: zo worden zij ontzettend belangrijk. Als ze in dat huwelijk blijven, is er altijd een reden voor. Misschien zijn zij zich daar niet van bewust. Ik beweer zeker niet dat er geen verlies en pijn ervaren worden, verre van, maar er is ook een bepaalde vorm van winst. Aan de verlieskant staat dat zij niet op uitwisseling hoeven te rekenen. Je verwacht wederkerigheid in een relatie, en je krijgt die niet. Zoiets moet heel zwaar wegen. Voor dat leed van partners mag en moet de hulpverlening meer begrip opbrengen.'

Zou een persoon met autisme zich beter voelen in een andere cultuur? 'Dat is de vraag naar de status van het anderszijn', zegt Verhaeghe. 'Autisten zijn fundamenteel anders, in álle culturen. Meestal is het hun moeder die dat afwijkende gedrag als eerste ontdekt en later wordt het door de omgeving bevestigd. Wat doet onze huidige, westerse cultuur met 'andere' mensen? Ze medicaliseert hen. Dat is zo vanzelfsprekend dat het niet eens meer ter discussie wordt gesteld. Ons hele vertoog is met medische termen doordesemd. Ook de bommen in Belgrado vielen met "chirurgische precisie".'

'In andere culturen bestaan andere mogelijkheden. De Spartanen gooiden alles wat anders was van de rotsen naar beneden. Te pletter. In heel veel vroegere culturen wordt anderszijn religieus-magisch ingevuld: daar zou een autist priester kunnen worden, of sjamaan. Driehonderd en meer jaren geleden werden in onze verstedelijkte gebieden alle personen die op wat voor manier ook afwijkend waren, letterlijk gemarginaliseerd: ze werden opgesloten in de "dolhuizen" aan de rand van de stad. Binnen de landbouwgemeenschap werden ze tot dertig jaar geleden min of meer getolereerd: toen had elke gemeente haar eigen dorpsidioot. Alle dorpsgekken zitten nu al lang weer in instellingen. Anderszijn is uitgeroepen tot een ziekte, die het liefst met pillen wordt bestreden.'

'Een ander neveneffect is dat mensen gereduceerd worden tot hun "ziektebeeld". Ook daar moeten we in het geval van autisme mee oppassen. Alle mensen over wie in dit boek verteld wordt, hebben dezelfde autistische structuur. Maar elk van hen heeft een eigen, unieke persoonlijkheid én zijn eigen unieke verhaal. Autisme veegt dat individueel-unieke niet weg. Dat mag men niet vergeten. In eenvoudige termen: psychopathologie zegt niets over een goed of een slecht karakter. En het is juist dat karakter dat bepalend is voor de mate waarin iemand aanvaard wordt.'

Druist de hedendaagse 'flexibele' maatschappij misschien in tegen de strikte aard van autisten? Verhaeghe corrigeert: 'Onze maatschappij is helemaal niet flexibel. Ze legt flexibiliteit op aan een heleboel mensen, als eis. Dat is dus *newspeak*. Nog zo'n modewoord is "samenwerken". Het is altijd een teken aan de wand als bepaalde waarden als "ideaal" naar voren worden geschoven: meestal zijn ze dan al lang voorbij.'

'Samenwerking op lange termijn is uit het bedrijfsleven en misschien uit het hele leven verdwenen. Wat nu overheerst, is de interne concurrentie: het is meer en meer elk voor zich: het "autistiforme" van daarstraks. Dat is voor niemand makkelijk, en al helemaal niet voor een persoon met autisme, die door zijn handicap veel kwetsbaarder is.'

'Mama heeft het moeilijk'

Guy (52) is aan het scheiden van zijn vrouw Marian, van wie hij vermoedt dat ze autisme heeft. Vele jaren heeft hij geworsteld met haar rigiditeit in het huishouden en de opvoeding van de kinderen, met haar besluiteloosheid en dweperijen. Nu de knoop is doorgehakt, heeft hij afstand genomen. Nuchter: 'Lange tijd heb ik gedacht dat ik haar niet kon en niet mocht verlaten. Dat verwerkingsproces is nu voorbij. Ik heb nog altijd medelijden met haar, maar ik weet dat het beter is dat we elk onze eigen weg gaan. Ik laat haar niet in de steek: ik zal haar blijven volgen.' Hij hoopt dat het niet betekent dat ze ook elke avond bij hem aanbelt.

Ze hebben drie kinderen, van wie hun oudste zoon, Nic, autisme én een mentale handicap heeft. Door hem kwamen ze in contact met de Vlaamse oudervereniging. Guy sloot zich ook tijdelijk aan bij de praatgroep voor partners van personen met autisme. 'Die eerste keer heb ik vooral zitten luisteren. Een openbaring, omdat je in al die verhalen zoveel herkent! Dat is een grote steun voor mij geweest. Maar ik ben niet van plan om er naartoe te blijven gaan. Uiteindelijk hoor je altijd hetzelfde. En ik ben niet iemand die zich wentelt in zelfbeklag. Bovendien was ik er toen de enige man.' Hij wil nu doorzetten, niet meer omkijken. 'Er liggen nog zoveel nieuwe kansen om de hoek. Ik ben nog niet te oud, maar ik mag niet meer talmen om ze te grijpen.'

Hoe weet je dat je ex-vrouw autisme heeft?
'Er zijn momenten dat ik het zeker weet. Omdat ze zo vreselijk ongenuanceerd is. Alles is zwart of wit bij haar. Geen grijs. En dan ga ik weer twijfelen. Waarom zou ik dat label op haar willen plakken? Dat is toch erg zwaar. Ik kan haar dat niet aandoen. Het enige dat ik altijd gewild heb, is haar beschermen.
Een jaar of wat geleden heb ik contact gezocht met de partnergroep omdat Marian zo raar begon te doen. Het liep echt uit de hand. Ze hield Nic thuis van de instelling waar hij was opgenomen. Alle acties die ik daartegen ondernam, tot bij de inspectie en het ministerie toe, draaiden op niets uit. Ze slaagde erin om het een jaar vol te houden. Toen begon ze ook onze twee andere kinderen meer en meer thuis te houden. Zij zijn volslagen normaal, hoor. Hun school schreef vermanende brieven. Ze stuurde de kinderen prompt naar een ander schooltje. En ook daar hield ze hen weer weg. Ten einde raad heb ik de Bijzondere Jeugdzorg ingeschakeld. Die gaven mij gelijk. Ook de jeugdrechter heeft mij onlangs gelijk gegeven: voortaan beslis ik naar welke school ze gaan. Van die hele toestand is Marian geweldig geschrokken. Zo'n rechter vertegenwoordigt voor haar toch een zeker gezag, waar ze niet aan voorbij kan.
Op datzelfde ogenblik hebben we toen min of meer gezamenlijk besloten om uit elkaar te gaan. We hebben een heftige strijd kunnen voorkomen. Ik denk dat ze beseft dat ze hard op weg was om haar kinderen helemaal te verliezen! Zelfs haar ouders scharen zich aan mijn kant. Ze vinden dat hun dochter "zotte dingen" doet en ze lijden eronder. "Onze Marian", zeggen ze, "is altijd een beetje een *apart* geval geweest". Altijd heeft ze haar eigen willetje doorgedreven. Ze hadden niets aan haar te zeggen. Ze vragen mij ook of ze wel in staat is is om haar eigen kinderen op te voeden.'

Hoe denk jij daarover?
'We gaan de kinderen elk om de beurt een week bij ons nemen. Dat is wat haar betreft misschien niet het verstandigste. Niet wat het meest aangewezen is. Maar het is wel een snelle procedure, de rechter heeft haar over kunnen halen en we staan al redelijk ver. Bovendien wil ik haar niet wegtrekken van de kinderen. Ze probeert een goede moeder te zijn. Vast en zeker. Meestal is ze dat ook. Het grootste probleem is dat ze de kinderen overbeschermt. Ik pieker het meest over hun op til zijnde puberteit. Wim en Nina zijn nu dertien en twaalf. Wat gebeurt er wanneer ze straks zelfstandiger worden, uitgaan en zich gaan afzetten tegen thuis? Tja. Ze zegt nu al: "Ik ga het niet meer onder controle hebben."
Het liefst van al wilde ze hen, en ook mij, in een cocon houden. Elke avond gezellig samen op de bank televisie-kijken. Marian vond dat het éinde. Voor haar heb ik heel mijn verenigingsleven opgegeven. Ze vond dat ik "meer bij de kinderen" moest zijn. Ze wilde van ons een soort marionetten maken, die ze kon bespelen. Ook de kinderen hebben amper buitenschoolse activiteiten. Ze mogen alleen ergens naartoe als de kinderen van haar vrienden met hen meegaan. En het liefst van al heeft ze dat Wim met zijn autootjes speelt, en Nina met haar poppen. Ze moeten klein blijven. Elke nacht slaapt ze bij een van de kinderen. Ze denkt dat ik dat niet weet.'

Hoe kan ze zoiets verbergen?
'Nu wonen we niet meer samen. Toen we dat wel nog deden, wachtte ze gewoon tot ze dacht dat ik sliep, en sloop dan stilletjes weg.'

Zijn de kinderen van haar probleem op de hoogte?

'Ze merken toch wel een en ander op. Marian wou haar handtekening niet zetten onder het schoolreglement. Wim heeft zich daartegen verzet. Dat is goed. Maar op termijn kan die situatie verzieken. Daarom zou ik er graag met de kinderen over spreken. In vage termen: "Mama heeft het moeilijk, maar ze kan er niets aan doen." Ik wil het hen doen begrijpen, zonder dat hun begrip afbreuk doet aan het beeld dat ze van Marian hebben. Ze is en blijft tenslotte hun moeder!

Ik vind dat de kinderen zeer gehecht zijn aan mij. Is dat een compensatie misschien? Ik heb aandacht voor hen. Vroeger verweet ze me wel eens dat ik te veel met hen bezig was. "Jij bent toch hun vader, niet hun moeder." De manier waarop ik de vaderrol invulde, strookte niet met het beeld dat zij daarover van thuis had meegekregen.

En zo zijn er nog veel zaken die onwrikbaar in haar hoofd vastzitten. Wij hebben bijvoorbeeld een modern huis gebouwd. Zij was daar zeker niet tegen. Ze was bij elk van de gesprekken met de architect aanwezig. Maar beetje bij beetje heeft ze al die moderne meubels eruit gegooid en vervangen door zaken die haar meer vertrouwd zijn.'

Heb je ook in het begin van jullie relatie iets vreemds aan haar gemerkt?

'Nee, hoegenaamd niet. Ach, hoe gaat dat? Je bent verliefd, om wat voor reden ook. Maar toen we pasgetrouwd waren, keek ik mijn ogen uit. Ik wist niet wat me overkwam. Het leek wel een middeleeuwse klucht waarin ik was beland, zo eentje met een altijd kijvende vrouw en een sul van een vent. Het kwam zover dat ik dacht: dat zal wel typisch vrouwelijk zijn, zeker? Ons huis moest brandschoon blijven. Ik mocht geen stap verzetten of ze had al een opmerking klaar. Er zijn zo van die kleine dingen die ik me herinner: wanneer ik uit de douche stapte, mocht er geen spatje water op de vloer terechtkomen of ze ontstak in woede. Dat is nochtans normaal, vind ik, wanneer je uit de douche stapt. Ze heeft wel eens met bloempotten naar mij gegooid. Of ze pakte een pan en sloeg er zo hard als ze kon mee tegen de muur. Die driftbuien zijn gelukkig geluwd.'

Je zegt dat je haar altijd hebt willen beschermen. Hoe deed je dat?

'In het begin van ons huwelijk hadden we ons eigen restaurant aan zee. Dat was keihard werken, dag en nacht. Zeker voor mij, want ik deed er vaak nog het werk bij dat zij hoorde te doen. Maar zij stak er de pluimen voor op haar hoed. Eigenlijk was dat restaurant voor haar wel oké. Ze vond er haar plaats en was streng voor het personeel. De schoonmaakploeg had echt schrik van haar. Maar hoewel we veel personeel in huis hadden en zij dus het huishouden niet hoefde te doen, kon ze het niet uit handen geven.

Het moest ook altijd bijzonder warm zijn voor Marian. Ze heeft een ander aanvoelen van temperatuur en draait de verwarming al hoog in september. Ze stond absoluut niet open voor klanten in ons restaurant die vonden dat het te warm was. Daar kon ze zich niet in inleven.

Ze was ook ziekelijk jaloers. Altijd was er iemand van het personeel verliefd op mij. In háár gedachten. Ze stelde zich dan voor dat die bij mij hoorde. Dat komt doordat ze zulke eenduidige verbanden legt. Dit plus dat maakt een relatie. Als ik een glaasje wijn dronk met een dienster en ze had het gezien: olala! Knap lastig wanneer je in een omgeving werkt waarin je je sociaal moet opstellen. Ik moet toegeven dat ik toen nooit aan autisme dacht. Ik kende het niet eens.'

Na een paar jaar hebben jullie de zaak opgegeven en zijn jullie verhuisd. Waarom?

'Ze wilde weer dicht bij haar familie zijn. Daarom zijn we naar Brussel teruggekeerd. Ik ben iets anders gaan doen. Sindsdien is ze thuisgebleven. Achteraf bleek dat een vergissing. Het was niet goed voor haar. Want ze kwam in een isolement terecht en sinds die tijd is haar extreme denkpatroon pas goed aan de oppervlakte gekomen. Er waren dagen dat ik met schrik naar huis ging: wat zal het nu weer zijn?

Sinds een jaar of wat is ze bij een sekte. Ze is voor geen rede meer vatbaar. Het is nu al emotie wat de klok slaat. Ze is niet irrationeel, ze is bewust antirationeel. Nadenken mag niet meer: het hart geeft de toon aan. Met haar rigide manier van denken past ze heel goed in zo'n sekte. Ik denk dat mensen met autisme heel ontvankelijk zijn voor extreme organisaties. Waarmee ik niet wil zeggen dat al hun volgelingen autisme hebben. Maar ze beleven het wel allemaal op eenzelfde, bijna autistische manier: van niet openstaan voor de anderen. In wezen is Marian erg kwetsbaar en laat ze zich door hen misbruiken. Er is een tijd geweest dat ze hen 30.000 frank per maand toestak. Nu ze er alleen voor staat, kan ze zich dat niet meer permitteren. Maar ze gaat toch nog tot het uiterste om aan hun financiële eisen te voldoen.'

Vind je het jammer dat ze die steun die ze vroeger bij jou vond, nu bij anderen zoekt? En zou je niet kunnen stellen dat die sekteleider een soort psycholoog is voor haar, die haar de broodnodige ondersteuning geeft?

'Het is waar dat ze zich altijd tot één persoon heeft gewend voor zekerheid. Jarenlang was ik haar *goeroe*. Toen ik dat niet langer kon opbrengen, heeft ze zich tot die andere goeroe

gewend. Dat betreur ik niet. Ik ben geen wijsgeer en wens niet te leven met iemand die zo mateloos afhankelijk is.
Ik zie wel dat zij in die sekte steun zoekt en vindt, maar ik vrees voor de dag dat ze niet meer het geld kan opbrengen. Of dat ze hun spel doorziet: namelijk, dat zij die mensen een inkomen bezorgt. Meer dan dat is het heus niet. Het is valse steun, want ze helpen haar niet echt: ze geven haar in alles gelijk, omdat het voor hen alleen op die manier lonend blijft. Zoiets doet een hulpverlener niet.
De lectuur die nu in haar huis rondslingert! Dat is erger dan de *Celestijnse Belofte!* Die roman vind ik trouwens verschrikkelijk. Want dat is dus een roman, hé, een stuk fictie. Dat schijnen veel mensen te vergeten. Ze laten zich helemaal door die rage meeslepen. Dat verkoopt goed, dat komt in alle media. Die new age is wat mij betreft een van de gevaarlijkste trends in de samenleving. Als ik daar iets tegen kan doen, gráág.'

Vind je niet dat het beter zou zijn dat Marian te horen kreeg dat ze autisme heeft?
'Daar ben ik nog altijd niet uit. Ik zal haar in elk geval niet vertellen dat ik denk dat zij autisme heeft. Zo'n etiket zou in het beste geval bescherming moeten bieden, maar ik denk dat die ideaalwereld nog veraf is. Ik denk dat het ook tegen haar gebruikt zou kunnen worden.'

Dus je hebt nooit met haar over je vermoeden gesproken?
'Een keer, heel kort. Ik ben bang voor haar reactie. Dat ze domme dingen zou doen. Nu voelt ze zich zo wijs! Als dat zelfbeeld instort, hoe reageert ze dan? Sommige familieleden van haar hebben zich van kant gemaakt. Andere zitten in een psychiatrische instelling. Wat voor label bij haar ook past, ze is in elk geval niet de enige in haar familie.'

Heeft ze volgens jou een handicap?
'Toch wel. Het is vooral een handicap voor haar omgeving. Voor onze kinderen kan het nefast zijn. Wanneer die te weinig kansen zouden krijgen om zich te ontplooien wanneer zij het voor het zeggen zou hebben. En ze heeft een heel beperkte vriendenkring. Eigenlijk is er niemand, behalve die sekteleden. Ook vrienden van mij bleven weg omdat Marian zich zo raar gedroeg. Het is haar manier van mensen aan te kijken wanneer ze binnenkomen. Of ze biedt hen niets aan. Negeert hen volledig. Ooit kwam er een vrouw voor mij aan de deur: Marian heeft die zo lelijk aangekeken dat ze nooit meer teruggekomen is!
Op het eerste gezicht kan ze nochtans heel beminnelijk zijn. Ze geeft haar gesprekspartners altijd gelijk: "Ja, dat is interessant!" Alsof ze je begrijpt en het met je eens is. Maar ze heeft geen eigen mening. En sinds kort laat ze zich alleen nog drijven op het gedachtegoed van die sekte. Op een bijeenkomst van oud-klasgenoten vonden ze onlangs allemaal dat ze zo veranderd was. Een vrouw vertelde over haar hartproblemen. "Jamaar", zegt Marian, "denk er eens over na hoe jij geleefd hebt!" Voor alles heeft ze tegenwoordig een spirituele verklaring. Ikzelf heb al een poosje veel last van mijn knie. Ik moet dringend eens naar de dokter. Marian "gelooft" daar niet in. Zij vindt dat ik meer moet bidden. Sorry, maar dat soort praat vind ik niet meer boeiend.'

Ooit vond je haar wel boeiend. Weet je nog wat jou in haar aantrok?
'Er was een stel kenmerken dat ik indertijd charmanter vond dan nu. Ik ben heel erg slordig. Zij is op dat stuk mijn tegendeel. Verder euh...'

Je noemde haar daarnet ook beminnelijk.
'Ja, omdat ze puur is. Ik ben altijd iemand geweest die naïviteit wel mooi vond. Maar naïef ligt ook dicht bij goedgelovig. Bij een eerste contact is het charmant. Naarmate je iemand beter leert kennen, valt het meer en meer tegen. Ik herinner me het eerste gevoel nog dat ik bij haar had: "Dát meisje wil ik beschermen". Ik was niet ongevoelig voor, laten we zeggen, de traditionele invulling van de rolpatronen. Ik was wel gelukkig met zo'n meisje dat het huishouden zou doen. En ze moest natuurlijk ook mooi zijn. Dat is ze nog altijd.
Ten slotte: ze had een diploma van kinderverzorgster. Zo'n sociaal beroep stond me wel aan. Ik dacht dat het betekende dat ze ook sociaal wás. Ik droomde voor ons een leven bijeen maar het is helemaal anders uitgedraaid. Dat ik toen haar toekomst al helemaal invulde, was verkeerd van mij. Dat weet ik nu. Ik was toen, in dat opzicht, zelf heel autistisch bezig.'

Of misschien was je toen gewoon een traditionele man?
(lacht) 'Ja, wellicht. Ze was erg lief, hoor, toen. Mijn ouders zeggen dat nu nog: "Ze sprong voor jou"!'

Heb je ooit troost gevonden in de seksuele kant van jullie relatie?
'Dat was nog zoiets ingewikkelds. Marian had het altijd geweldig moeilijk met lichamelijkheid, met toenadering. Maar ze slaagde er wel in om *mij* de schuld te geven. Het moest altijd volgens de regeltjes. Altijd op het bed, nooit ergens anders. En er moest een mooi laken onder. Wanneer ik erop terugkijk, moet ik toegeven dat ons seksleven erg minimaal is geweest.
Marian is zeker verliefd geweest op mij. Maar er waren ook tijden dat ik haar niet meer mocht aanraken. Ik heb de indruk dat er voor het huwelijk meer mocht dan erna. De

mooiste seks hebben wij gehad toen we nog niet getrouwd waren. Alsof ze het deed om mij te strikken. Dat klinkt nu scherp, en ik ben daar ook niet zeker van. Maar het was voor haar toch wel belangrijk dat zij niet alleen bleef. Nu zegt ze dat ze er nooit plezier aan heeft beleefd. Dat ze alleen seks met mij had "om zo snel mogelijk zwanger te zijn". Ik vind daar geen aanknopingspunten bij. Voor mij is dat zeker niet zo geweest. Ik kan niet zeggen dat ik het niet plezierig vond.'

Voelt zij in al haar eigenheid misschien beter jullie autistische zoon aan?
'Nee. Soms heb ik de indruk dat ik meer met hem bezig ben dan zij. Zij geeft het vlugger op. Ze heeft geen vat op hem. Wanneer zij met Nic gaat fietsen, zegt hij snel "stop!" En dan doet ze dat. Dan komt ze klagend terug naar huis. Ik vertel haar dat ik liedjes voor hem zing op de fiets, dat hij meezingt en dat ik mij van de voorbijgangers niets aantrek. Dat durft zij niet. Zij is dan erg ontgoocheld: "Ik wou iets met hem doen, omdat de kinderen anders meer van jou gaan houden. Jij doet de leuke dingen met hen."
Marian laat zich helemaal leiden door Nic. Als hij zegt dat er niet schoongemaakt mag worden, wordt er niet schoongemaakt. Ze kan hem niets weigeren. Ze geeft hem snoep zoveel hij wil. Die jongen is enorm dik geworden. Op een dag vroeg ze mij om chocolade mee te brengen. Ik deed dat niet, omdat ik vind dat het echt de spuigaten uitloopt. Woedend was ze. Ze holde meteen zelf om een paar repen naar de winkel. Ze doet hard haar best, hoor. En ze houdt ook van kinderen. Zolang ze haar niet tegenspreken.'

Je wist niet waar je aan begon toen je met haar trouwde. Stel dat je het wel had geweten: meer kans op succes?

'Ik kan daar kort en duidelijk op antwoorden: ik zou er niet eens aan begonnen zijn.'

Hoor ik hier spijt doorklinken?
'Ik heb altijd geprobeerd om van de nood een deugd te maken. Met Nic en Marian heb ik veel leren relativeren. Dat is ook winst. Dat had ik bij een ander niet gehad. En die ander, die geen autisme had gehad, zou mij misschien op een andere manier het leven zuur hebben gemaakt.
Spijt? Ja, natuurlijk wel. Om de vele dingen die ik gemist heb: een gelukkig liefdeleven, een hechte band, wederkerigheid in de liefde. Ik heb een prachtige zaak opgegeven voor haar. Maar ik krijg andere kansen nu. Ik ben dan wel de vijftig voorbij, maar ik voel me nog lang niet oud. Andere mogelijkheden dienen zich aan en ik heb veel zin om ze te grijpen. Met alle plannen die ik heb, ben ik eigenlijk nog een jonge man! Er ligt nog een heel leven voor mij.'

'Wij horen bij elkaar'

Niet alle partners van wie er één autisme heeft, gaan uit elkaar. Uit de vorige gesprekken bleek al dat de partner er vaak lang over doet om de stap naar de scheiding te zetten: plichtsbesef en schuldgevoel spelen daarbij een grote rol. Er gaan jaren van afwegen en piekeren aan vooraf.

Bevinden Myriam en Noël zich in die fase? Wie zal het zeggen? Als je hem hoort praten, lijkt de liefdesband onverbrekelijk. 'Wij horen bij elkaar, voor altijd', zegt Noël, en ik geloof hem, want het klinkt erg enthousiast en overtuigend. Dan is het de beurt aan Myriam. 'Dat zegt hij nu elke keer sinds ik bijna de deur achter me dicht heb getrokken. Alsof hij met die uitspraak het onheil wil bezweren.' Ze vindt dat Noël veel te weinig rekening met háár verlangens houdt. En Noël? Hij kan het goed zeggen: 'Zij moet zich niet zo wegcijferen voor mij. Dat vraag ik niet van haar.'

Misschien ligt de waarheid wel ergens in het midden. Twee boeiende gesprekken, vlak na elkaar, waarbij opvalt hoe twee mensen een totaal uiteenlopende interpretatie van de feiten geven. Wat voor Noël binnen het normale gedragspatroon valt, is voor Myriam moeilijk te aanvaarden, want afwijkend. Ze hebben drie kinderen, van wie één autisme heeft en normaal begaafd is. Ook over hoe ze hem moeten begeleiden, verschillen ze van mening. 'Zij is zo bang voor zijn toekomst, dat ze de hele tijd zijn hand blijft vasthouden. Maar die wereld daarbuiten, waarin ze hem op een dag toch zal moeten loslaten, is heus niet zo beschermend en soft. Zou ze hem niet beter op de harde werkelijkheid voorbereiden? Ik ben er toch ook zonder speciale begeleiding gekomen?'

Hoe oud ben jij, Noël?
'Negenendertig. Moet je mijn geboortedatum ook weten? Zes-elf-zestig.'

Hoe heb je Myriam leren kennen?
'We waren allebei eenentwintig. Nee, ik was eenentwintig toen ik alleen ging wonen. Toen ik tweeëntwintig was, woonden we al samen. En op ons drieëntwintigste zijn we getrouwd. We zijn gaan samenwonen in het jaar 1982. Hoe oud waren we toen? Eenentwintig, of nee, tweeëntwintig. Ik weet het niet meer precies.'

Waar heb je haar voor het eerst gezien?
'Dat was in een dancing in Gent. Haar gezicht viel me op. Het was op een zondag, 16 april. Die avond, of liever die ochtend, want we waren 's zaterdags uitgegaan en het was toen al erg laat, toen heb ik haar aangesproken. Rond drie uur 's nachts ging ik met mijn vriend naar huis. Op de hoek van de straat werd ik precies tegengehouden. Ik keerde terug naar de dancing en ze zat er nog, alleen. Ik dacht: jáá! *(lacht)* Ik vroeg haar ten dans en het was meteen *koekenbak*. Ik liet er geen gras over groeien! Op 1 juni trok ze al bij me in. Ik heb dat link aan boord gelegd. Ik wist dat haar ouders voor langere tijd in het buitenland verbleven. Zij moest elke dag tot bij mij fietsen. Ik vond dat ze maar beter bij mij kon intrekken. Toen haar ouders terugkwamen, protesteerde haar vader. "Waarom trouwen jullie dan niet?" Een jaar later, op 25 juni, hebben we dat gedaan.'

Wat me opvalt is dat je al die data zo goed kent.
'Ach, ik heb dat verhaal al zo dikwijls verteld. Ik onthoud dat soort dingen goed, ja. Soms vergis ik me van jaartal, maar dan raadpleeg ik mijn trouwring: de datum is er ingegrift.'

En het klikte dus meteen tussen jullie.
'Ik was vooraf geïnformeerd. Een gemeenschappelijke vriend had me gewaarschuwd om niet te hard van stapel te lopen met Myriam. Hij vertelde me dat het geen meisje was om mee te dollen, maar eentje om mee te trouwen. Dat zag ik wel zitten. Ik heb me dus een paar dagen gedeisd gehouden. Diezelfde zondag heb ik haar uitgenodigd om de dag bij mij door te brengen. Prachtige dag was dat: eerst gaan tennissen, dan uit eten, vervolgens naar de bioscoop. Later heeft zij mij verteld dat ze die eerste dag erg op haar hoede was, maar dat het geweldig meeviel. Ze had een totaal verkeerd beeld van mij. Via via had ze vernomen dat ik een flierefluiter was.'

Was je nogal een losbol met meisjes?
'Ik was geen heilige en zij was niet mijn eerste liefje. Maar vóór Myriam had het nooit echt geklikt met een meisje. Ik was geen kampioen in het aanhouden van relaties. Mijn record was vier maanden, toen ik zestien was. In alle andere gevallen duurde het hooguit een week of twee.
Ik zag direct dat Myriam anders was. Ik wist: die is in alle opzichten geschikt voor mij. Ja, hoe moet ik dat omschrijven? Het had te maken met de wijze waarop ze die eerste dag in het restaurant voor mij zat. De armen langs haar lichaam rustig in haar schoot. Bijna zoals een dier dat zich overlevert. Ze voelde zich in haar schik bij mij. Ik zag dat ze mij vertrouwde. En als ik voel dat ik iemands vertrouwen krijg, dan is dat gelijk wederzijds.'

Zeg je nu dat jullie voor elkaar geboren zijn?
'Ja en nee. Als je levenslang samen bent, verloopt het niet altijd zo rimpelloos. Wij hebben ook onze problemen: wij schelden op elkaar of ergeren ons aan elkaars fouten. Maar heel diep vanbinnen weten we dat we nooit uit elkaar zullen gaan. Dat is toch mijn aanvoelen. Myriam heeft me ooit gezegd dat ze er wel over heeft gedacht om me te verlaten, maar ik weet ook dat ze dat nooit zal doen. In elke relatie komt wel eens zo'n crisis voor. Daarom was het ook zo'n opluchting toen ze me vertelde dat ik autisme had. Ik weet nu dat ik er niets aan kan doen. Ze moet nu niet meer boos op mij zijn.'

Welke problemen hebben jullie dan zoal?
'Eerlijk gezegd ervaar ik zelden een probleem. Myriam ervaart problemen die ik niet zie. Zij kan tientallen voorbeelden geven, je moet dat straks maar aan haar vragen. Voor haar betekent liefde: je opofferen voor een ander. Voor mij is dat niet vanzelfsprekend. Myriam is niet tevreden als ik iets voor haar doe, ik moet er ook iets voor opgegeven hebben.
Ik doe veel aan sport. Als ik 's avonds ga trainen en zij wil ook van huis, zou ik kunnen besluiten om thuis te blijven. Maar ik neem dan liever een oppas voor de kinderen. Waarom zouden we het ons moeilijk maken wanneer het makkelijk ook kan? Ik vind de engagementen die ik buitenshuis heb allemaal even belangrijk. Als ik iets doe, dan voor tweehonderd procent. Met volle overgave.'

Heb je die sportactiviteiten nodig om je uit te leven, om de spanningen van je af te zetten?
'O, maar ik heb veel bevliegingen gehad in mijn leven. Toen ik achttien was, ben ik lid geworden van een toneelvereni-

ging. Op mijn 25ste ben ik beginnen te voetballen. Nu doe ik aan karate. Altijd een engagement van een jaar of zeven, acht. Behalve mijn huwelijk! *(lacht)* Dat blijft duren.
Sinds mijn vijfendertigste voel ik me fysiek achteruitgaan. Mijn kracht vermindert, vooral in mijn knieën. Dat is wel lastig bij karate. Ik moet eigenlijk iets anders vinden, maar voorlopig heeft er zich nog niets aangediend. Meestal valt zo'n nieuwe bevlieging uit de lucht. Als ik niet snel iets nieuws heb, zou het wel eens problematisch kunnen worden, maar ik maak me nog niet te veel zorgen. Het zal wel komen.'

Welk werk doe je?
'Ik ben vertegenwoordiger: altijd op de baan. Dat gaat me goed af. Mijn stiefvader deed hetzelfde. Door hem ben ik erin gerold. Hij zag dat het met mijn studie niet veel zou worden. Op mijn achttiende ben ik begonnen en toen had ik mijn legerdienst al achter de rug. Veel te jong eigenlijk. Maar dankzij hem heb ik het vak geleerd. Nu heb ik 21 jaar ervaring en ben ik een van de besten. Echt waar. Ik kan overal aan de slag: om de twee jaar verander ik van bedrijf.'

Dat is snel.
'Ja, dat komt een beetje door mijn autisme. Ik denk heel rechtlijnig. Ik hou altijd vast aan mijn eigen mening. Dat leidt tot conflicten met de baas. Want ik doe nooit iets wat me opgedragen wordt. Ik ben mijn eigen motor. En die motor moet goed kunnen lopen, die moet gesmeerd blijven draaien, anders gaat hij sputteren. Ik pas me niet aan.
Dat is ook zo in mijn relatie met Myriam. Zij is de doener. En ik wil alles plannen, organiseren, uitstippelen. Dus, als ik die leiding niet kan nemen, begin ik er gewoon niet aan. En aangezien *zij* het huishouden doet, voer ik geen klap uit. Het is

míjn manier, of geen manier. Daarom hebben we besloten om de zaken strikt te scheiden: zij blijft thuis en ik werk buitenshuis.'

Doe je thuis echt niets?
'Ik wil best de tafel afruimen, ná het dessert. Maar zij is daar bij wijze van spreken al mee bezig als haar mond nog vol aardappelen zit. Zij denkt dat ik met opzet lanterfant om niet te hoeven helpen. Maar zij is te snel.'

Een keertje geen tijd nemen voor een dessert en rap-rap afruimen, gaat dat niet?
'Weet je wat het is? Wat ik te veel heb, heeft zij te weinig. Zij kan niet foert zeggen. Ik ben een egoïst, dat is waar. Maar zij denkt niet genoeg aan zichzelf. Ik heb bijvoorbeeld lang het gras gemaaid. Nu doet zij dat. Dat komt omdat ik het opgeef als het tuinhuis vol rommel staat. Zeker nu we drie kinderen hebben, is het moeilijk om overal orde op zaken te houden. Dat besef ik wel. Maar ik kan er haast niet meer bij, bij die grasmaaier. Zo'n puinhoop is dat daar. Ik kan alleen maar werken als er orde is. Als zij het niet zou overnemen, zou ik wel gedwongen worden om de boel schoon te maken. De morele aandrang om orde te scheppen is mij heus niet vreemd. Die voel ik ook.'

Zonder orde, zonder structuur kun je niet normaal functioneren?
'Ja, zo is dat. Ik denk dat alles gestructureerd en routineus gebeurt.'

En als die structuur en die routine doorbroken worden?
'Ik geef niemand de kans om mij te storen. En als het toch gebeurt, geef ik aan dat ik daar niet blij mee ben. Ik heb con-

trole over mijn hele leven. Elke avond eet ik dus mijn drie wafeltjes met een glas melk en een stukje chocolade. Tijdens de reclame die de tv-film onderbreekt. Niemand weerhoudt mij daarvan.'

Hoe doe je dat in je job? Wordt een vertegenwoordiger niet met veel onverwachte zaken geconfronteerd?
'Nee... Dat is juist een heel goed beroep voor mij. Ik trek de kar zelf. Iemand die op kantoor zit, krijgt het werk naar zijn hoofd geslingerd. Ik plan zelf welke klanten ik bezoek, ik weet wat ik hun zal zeggen en ik heb mijn trucs klaar. Ik ben al 21 jaar bezig. Ik ben door alle watertjes gezwommen.
Helemaal in het begin heb ik wel veel stress ervaren. Zonder mijn stiefvader had ik het niet gered. Hij vertelde mij alles wat er kon gebeuren onderweg. Nee, zonder hem zou ik niets geworden zijn. Ik had nergens zin in. Ik was superlui in mijn studie. Concentratieproblemen. Niet zozeer in de klas, maar wanneer ik moest studeren voor de examens. Ik kon mezelf niet in gang zetten. Altijd was er iets anders te doen: snoep uit de kast halen, mijn nagels knippen. Ik schoot pas echt in gang om negen uur 's avonds. Dat was allemaal berekend: nog tien minuten per hoofdstuk; als ik nu niet begin, val ik dood! Op school word je daarvoor afgestraft met een slecht rapport. In het bedrijfsleven is dat veel erger. Je komt in neteliger situaties terecht die tot je ontslag kunnen leiden. Daarom moet ik er zoveel structuur in aanbrengen. Om de anderen altijd twee stappen voor te zijn. Dat moeten mensen zonder autisme toch ook hebben, denk je niet?'

Had je op school veel vrienden?
'Nee, dat kan ik niet zeggen. Ik was niet sociaal vaardig. Ik slaagde er niet in om tot de groep te behoren. Ik voelde de

anderen niet aan. Niet dat zij mij buitensloten of zo. Maar ik was ánders. Dat zeggen mijn collega's ook: jij bent anders. Nu zeg ik: ja, dat is zo. En ik probeer hen van mijn logica te overtuigen. Ik voer nu structurele discussies, waarin ik dat verschil tot een verrijking probeer om te bouwen.'

Heb je dat echt moeten leren, je sociaal te gedragen?
'Dat deed ik instinctief. Ik heb een enorm observatievermogen aangekweekt. Als die dát doet, doet die dát – dus dan moet ik zó handelen. Dat gaat niet volautomatisch, zoals bij u of bij anderen, maar ik was en ben mij er toch niet van bewust dat ik zulke dingen instudeer. Wellicht ben ik ook om die reden toneel gaan spelen.'

Ik zou denken dat toneelspelers veel verbeelding nodig hebben. Is dat niet juist wat ontbreekt als je autisme hebt?
'Je hebt twee soorten toneelspelers. Ik zal het je uitleggen. De ene soort gaat naar het personage toe en van zichzelf weg. Die zet een type neer. De andere soort trekt het personage naar zich toe. Zo'n soort speler was ik. Je zou elke keer *mij* op de planken hebben zien staan. Ik heb daar veel van geleerd. Dat was louterend. Want als je weet hoe je moet spelen, weet je ook hoe je níet moet spelen. Ik zet in het leven nooit een masker op. Veel mensen doen dat wel. Ik niet, nooit. Ik zeg en denk wat ik wil. Dat leidt vaak tot botsingen, maar het is eerlijk, het is echt. Die luxe wil ik me blijven veroorloven. Als ik dat niet meer zou kunnen, zou de kwaliteit van mijn leven minder worden. Dan zou ik me laten leven.
Daarom viel ik ook voor Myriam. Zij is zo echt. Die eerste indruk die ik van haar had: daar heb ik me niet in vergist. Ik heb mijn lot met het hare verbonden. Na een jaar alleen wonen, wat me vrij goed lukte, begon ik erg te verlangen naar

iemand die er in mijn leven getuige van wou zijn dat ik besta. Dat was mijn diepere motivatie. Toen kwamen de kinderen. Daarmee is alles veranderd. De druk op het koppel wordt permanent, dat houdt nooit meer op. Daarom zeg ik altijd: het is geen kunst getrouwd te zijn, maar wel getrouwd te zijn met kinderen! *Married with Children!*

Jullie hebben een zoon met autisme. Is het door hem dat je tot je eigen diagnose bent gekomen?
'Myriam kwam thuis van een voorlichtingsavond over de sociale problemen van adolescenten met autisme. Dat ging over onze Tom. Ze vertelde me daarover en voor ik het goed besefte, zei ik: "Als het zo zit, ben ik ook autistisch!" Waarop zij dat prompt bevestigde. Ik geloof niet dat ze erop aanstuurde. Het overviel ons beiden een beetje.
Ik had er gemengde gevoelens bij. Had zij al die tijd met dat vermoeden rondgelopen en er niets over durven zeggen? Tegelijk voelde ik mij gepardonneerd: zij had immers altijd zoveel kritiek op mij. En tot slot ergerde het me ook. Verdorie, dacht ik, dat is nu al de derde in ons gezin. Een zoon autistisch, een hyperkinetisch, een gezonde dochter en nu ik. Ook vandaag denk ik soms nog dat Myriam er een sport van maakt om achter alles iets te zoeken en overal een etiket op te kleven. Waar ligt de grens? Heeft niet ieder mens zijn fouten? Zij heeft er ook, hoor. Ze klaagt er bijvoorbeeld over dat ik te weinig met de kinderen bezig ben, maar Myriam is een echte klokhen. Als je aanneemt dat het normale in het midden ligt, denk ik dat we geen van beiden "normaal" zijn.
Natuurlijk zijn er door die diagnose wel stukjes op hun plaats gevallen. Als ik op mijn leven terugkijk, herken ik bepaalde patronen in mezelf. Maar toen niet, en ook vandaag nog niet, voelde ik die als problematisch aan. Een positieve kant van de

zaak is dat ik nu weet dat ik mij in een relatie beter moet gedragen.'

Hoe doe je dat? Hoe heb je je aangepast?
'Ik moet eerlijk toegeven dat de meeste inspanningen van haar kant komen. Want wij, autisten, kunnen niet veranderen. Klinkt gemakkelijk, hé, ik weet het. Maar ik kan het ook niet helpen. Vroeger, bijvoorbeeld, zei Myriam mij wat ik moest halen in de supermarkt. Ik vroeg altijd om dat op een briefje te schrijven. Dat vond ze lastig. Nu weet ze dat ik dat nodig heb.'

Is jullie relatie sindsdien verbeterd?
'Dat afkatten is er niet meer bij. Myriam blijft wel het grootste slachtoffer in ons gezin. Zij past zich aan alles en iedereen aan. Ze zou wat koudbloediger moeten zijn.
Van bepaalde gedragsregels kom ik niet af. Kán ik niet afkomen. Ik snap wel dat ze dit vervelend vindt, maar tegelijk ben ik mij er niet van bewust dat ik daarmee anderen *stoor.* Op mijn gemak een dessertje willen eten, een briefje voor de supermarkt: is dat nu zo speciaal? Ik zie niet goed in wat daar nu specifiek autistisch aan is. Ze ergert zich er ook over dat ik alles altijd wil plannen. Maar een fout kan tegelijk een kwaliteit zijn: in mijn werk heeft die drang tot plannen mij ver gebracht.'

Heb je de diagnose nog ergens bevestigd gekregen?
'Ja hoor. Het schijnt dat het overduidelijk was. Ik moest daar een hele sliert vragenlijsten invullen. Waardoor ik wel even het gevoel kreeg dat ik hen de pap in de mond gaf. Maar goed, als die professionelen het zeggen, zal ik het maar voor waar aannemen, zeker? Als ik mij soms nog tegen die diagno-

se verzet, is het omdat men er alles aan vast wil knopen. Dat doet Myriam ook met Tom. Bij alles zegt ze: "Je weet toch hoe hij is." Dan denk ik: die maatschappij daarbuiten weet dat niet. Die zal niet altijd met hulp klaarstaan. Dus moeten we dat kind nu ook niet overbeschermen. Hij kan beter voorbereid zijn op een harde buitenwereld. Zij ziet dat anders en daar voel ik me machteloos tegenover. Hoe goed we sommige dingen ook kunnen uitpraten, dát is een onderwerp dat onbespreekbaar blijft. Dat moet ik laten gebeuren.
Ik betwijfel oprecht of ze daar goed aan doet. Als je een kind voortdurend bij de hand houdt en er almaar op wijst dat het abnormaal is, durft het dan nog wel in de wereld te stappen? Ik kan haar nog duizend keren zeggen dat zij geen schrik hoeft te hebben voor zijn toekomst, het helpt niet. Ik ben er nochtans ook geraakt: met vallen en opstaan, met blutsen en builen. Is dat niet de normale gang van het leven?'

* * *

Dag, Myriam. Ik had zojuist een prettig en openhartig gesprek met je man.
'Ja, hij is heel open. Als ik verhalen hoor van andere partners uit de gespreksgroep, prijs ik me gelukkig. Wij kunnen over heel veel zaken praten, ook over zijn diagnose. Terwijl veel anderen het blijven ontkennen. Natuurlijk bazuint hij het niet rond op zijn werk, dat vind ik maar normaal. Maar als hij iemand tegenkomt die hij vertrouwt, geeft hij zich voor tweehonderd procent. Zo is dat ook met mij gegaan.
Ik kan niets misdoen. Een hele periode heb ik het erg lastig gehad. Ik wilde scheiden, ik zat tegen het plafond. Ik gedroeg me toen ook rottig tegenover hem. Middenin die tijd hoorde ik dat hij me bij anderen de hemel in prees. Ik sta op een voet-

stuk, torenhoog. Ik probeer er de positieve kanten van te zien.'

Heeft de diagnose iets veranderd aan hem of aan jullie relatie?
'Niets. Alleen kan ik hem nu beter verdragen. Het blijft ontzettend moeilijk. Mijn gevoel en verstand botsen de hele tijd. Met mijn gevoel erger ik mij, met mijn verstand weet ik dat hij er niets aan kan doen. Soms gaat het heel goed tussen ons: dat is wanneer ik hem helemaal ten dienste sta. Maar als ik voor mezelf opkom, of onverwacht steun nodig heb, gaat het mis.'

Hij zegt nochtans dat jij je veel te veel wegcijfert: beter een kinderoppas nemen dan je opofferen voor elkaar.
'Ik weet waar dat op slaat. Het was een avond waarop ik te horen had gekregen dat mijn moeder misschien op sterven lag. Ik moest stante pede naar het ziekenhuis. Noël wou voor het eerst naar een fitnesscentrum, om er een nieuwe hobby te zoeken. Hij had er niet eens een afspraak. Maar thuisblijven, dat kon hij niet. Hij at, ging zich verkleden, poetste zijn tanden en vertrok.
En ik met drie kleine kinderen én de hond naar dat ziekenhuis. Mijn moeder lag daar te bloeden, mijn vader stond erbij te huilen: zoiets had ik nog nooit meegemaakt. Ach, iedereen wie ik dit verhaal vertel, begrijpt dat ik er naartoe moest. Maar Noël niet, toen niet. Later, ja, dan komt hij tot inzicht. Maar dan is het te laat.'

Was het toen dat je zei dat je wou scheiden?
'Dat is nog een ander verhaal. Met een vriend wilde hij een bandje oprichten en op een dag zouden ze muziek opnemen. Met een tuner en een mengpaneel, maar zonder studio. Het

moest dus heel stil zijn bij ons thuis. Ik had beloofd dat ik er die dag met de kinderen opuit zou trekken. Maar twee dagen voordien kreeg onze dochter een zware keelontsteking. Ik verwittigde hem ervan dat het niet zou gaan. "Kan ze niet stil in haar bedje liggen?" De volgende dag ben ikzelf ziek. "Noël, nu kan het echt niet, je moet dat afzeggen."
Veel mensen beweren dat ik me laat doen, maar ik verzeker je dat wij toen klinkende ruzie hebben gemaakt. Van misère ben ik die bewuste dag naar een hamburgertent getrokken, omdat het er tenminste warm was. De twee jongens vonden het tof, maar Sarah lag versuft met haar hoofdje op de tafel en ik zat daar met een doosje pijnstillers voor ons beiden. Een hallucinante ervaring. En het toppunt volgde toen ik om halfnegen de sleutel in het slot stak. "Dat is nu toch jammer, we moeten nog een strofe opnemen!" Toen was voor mij de maat vol.'

Hijzelf zegt dat jullie relatie niet kapot te krijgen is. Dat de conflicten slechts oppervlakkig zijn.
'Sinds dat incident zegt hij het steeds vaker. Ook tegen mij: "Ons krijgen ze niet uit elkaar, hé?" Alsof hij mij daarvan wil overtuigen. Maar ik kan niet beloven dat ik nooit wegga. In tegenstelling tot Noël. Ik begrijp hem wel. En ik zie hem ook heel graag. Zoals je een kind of een hond graag ziet. Dat bedoel ik zeker niet slecht: ik zie honden heel graag.
Zoals je een verlamde man ook niet laat vallen. Maar je denkt wel eens stiekem: zou hem niet eens iets kunnen overkomen? Afscheid zonder schuld. Ik wil dat niet echt, hoor, maar *(zucht)* ik wil toch ook wel eens een gewoon leven leiden. Een gewone relatie hebben. Die heb ik nu niet, en ik heb ook geen gewone seksuele relatie. Ik hoor dat ook van de andere partners in de praatgroep. We praten daar veel over, meestal

na de vergadering en in kleine kring. Bij mensen met autisme gaan hun eigen behoeften voor, hé. 't Is altijd ik-ik-ik. Er zijn er zelfs, zo hoor ik, die altijd het licht uit willen en zeggen: "Houd je maar stil, dan is het rap voorbij." Dan heb ik nog geluk: wij praten er tenminste over. En we hebben drie kinderen, dus die behoefte is voldaan. Maar ik heb geen relatie.'

Vertel eens iets over jullie kennismaking.
'Hij heeft mij gezocht, niet omgekeerd. Ik moest eerst niet van Noël weten, maar hij bleef aandringen. En ik moet toegeven dat hij mij enorm gecharmeerd heeft. Hij was een perfecte gentleman. Vroeg me honderduit over mijn gevoelens en hij luisterde zo goed. De meeste mannen die ik kende, waren helemaal niet zo luisterbereid. Dat heb ik echt als fantastisch ervaren.
Nu weet ik dat hij toen zijn computer volgestouwd heeft met mij. Ik heb toen bijvoorbeeld gezegd dat ik dol ben op kinderen. Dat blijft me achtervolgen. Ik zou heel graag eens zonder de kinderen ergens met hem naartoe gaan. Altijd antwoordt hij daarop: dat *kun* je niet. Ik verzeker je dat ik soms tegen de muren oploop en dat zo'n uitje mij ontzettend veel deugd zou doen.'

Maar in het begin van jullie relatie heb je niet echt iets vreemds opgemerkt?
'Er was altijd wel iets vreemds. Hij deed de afwas alleen nadat hij zijn hele servies gebruikt had. Hij had berekend dat hij met een klein brood twee dagen toekwam, als hij de korstjes weggooide. Maar dan moest hij 's morgens wel soldatenkoeken met perenstroop eten. Daar week hij nooit vanaf.
Voor de schoonmaak had hij een lijstje, waarop precies te lezen stond met welk product en met welke spons of doek alles moest

worden schoongemaakt. Ik durfde niet eens te lachen toen hij me dat toonde. Ik dacht dat het kwam omdat hij nooit iets had mogen doen van zijn moeder. Wat niet op zijn lijstje stond, werd ook niet schoongemaakt: zó'n laag stof bovenop de lamp in de badkamer! En nu doet hij niets meer in het huishouden.'

Hij zegt ook dat jij een beetje meer foert! zou moeten zeggen.
'Ja, dat ken ik ook al. Op een keer spraken we af dat hij zijn lege bierflesjes zelf in de garage zou zetten. Hij dronk er toen elke avond drie. Ik liet die dus staan. Na vijf dagen stond er een rijtje van vijftien flesjes op de aanrecht. Ze wegzetten was nochtans niet moeilijk, de garage is twee stappen ver. Hij zegt wel dat ik hem daartoe de kans niet geef, maar dat lijkt mij meer een uitvlucht, hoor.'

Kun je van je autistische zoon meer verdragen?
'Tom is nu elf. Hij heeft een heel nauwe band met mij. Als hij naar het toilet moet, moet ik met hem mee. Het is al verbeterd, omdat hij in zijn autisme zo sterk begeleid wordt. Nu mag ik al wachten voor de deur van het toilet. Juist door hem over zijn autisme te vertellen, hebben we zijn angsten wat kunnen afbouwen. Hij vindt het zelfs stom dat hij altijd mijn hulp nodig heeft, hij excuseert zich daarvoor. Dan leg ik hem uit dat hij daar geen schuld aan heeft.
Laatst had ik de winterkleren weer te voorschijn gehaald. Truien met lange mouwen vindt Tom vervelend. Die mouwen voelen raar aan. Ook dan zeg ik: "Dat komt door je autisme". *Stom autisme!* foetert hij wel eens. Maar die aanpak helpt hem wel.'

Noël is het met jouw aanpak niet eens. Hij vindt dat je Tom te veel in bescherming neemt.

‘Noël ziet niet dat zijn kindertijd zich in een andere context heeft afgespeeld. Hij was enig kind en woonde met zijn ouders in een flat. Dat was altijd erg *close.* De deur van zijn slaapkamer bleef altijd open. Zijn moeder ging elke avond tientallen keren tot bij zijn bed. Nu zegt hij dat ik niet zo bezorgd moet zijn als Tom bang is in zijn slaapkamer. Ik zou het kind moeten laten roepen. Wij hebben die aanpak uitgeprobeerd, hoor. Maar dan swingt die angst van Tom de pan uit. Dan is het krijsen en roepen. Dat is nog vele keren erger. Noël is niet van voor de tv weg te branden. Als we Tom door de babyfoon horen roepen, kan hij zich er niet toe bewegen om naar hem toe te gaan. Ook al heeft hij het diezelfde dag nog aan de thuisbegeleider van Tom beloofd. Dus moet ik altijd gaan. En dan verwijt hij me dat weer. Maar als hij in zo’n tv-film een huismoeder aan het werk ziet, trekt hij mij wat dichter tegen zich aan en zegt: “*Mieke,* wat ben jij toch lief.” En de volgende dag laat hij me weer vallen als een baksteen.’

Relaties onder de loep

Na jaren lopen de partners van mensen met autisme op eieren: hun relatie is vaak een onontwarbare knoop geworden en ze zien niet meer duidelijk welk probleem met de stoornis van hun partner te maken heeft, en welk niet. 'Mensen mogen niet vergeten dat relatieproblemen bij élk paar voorkomen en dat zo'n probleem niet altijd naar een stoornis verwijst', zegt professor Ann Buysse van de faculteit psychologie en pedagogische wetenschappen aan de Universiteit van Gent. Zij onderzocht de voorbije jaren vijfhonderd 'gewone' stellen, die ze lukraak van de straat liet plukken.

'Vroeger ging men voornamelijk relaties aan omdat die zekerheid en stabiliteit boden. Met wat geluk was men er ook "gelukkig" in. Dat blijkt nu niet meer te kloppen', stelde Buysse vast. 'Eenderde van de paren die bij een eerste bevraging zeiden dat ze "nu" gelukkig zijn, blijken een jaar later toch uit elkaar te zijn. Samenblijven is niet meer altijd het doel.'

Ze vroeg de paren onder meer om in het onderzoekslab ruzie te maken zoals ze dat thuis wel eens doen. 'De meeste mensen denken dat hen dat niet gaat lukken. Maar dan breekt het los en zijn ze meteen voor een halfuur vertrokken!' Conflicten zijn op zich geen barometer voor het welslagen van een relatie, zegt Buysse. 'Veel of weinig maakt niet uit. Het zijn de onderwerpen waarover geruzied wordt, en de manier waarop, die belangrijk zijn.'

Ruzies over alledaagse onderwerpen als wie de afwas doet, stellen niet zoveel voor. Partners moeten daarin wel een evenwicht vinden: als de banale conflicten blijven terugkeren, wordt het erger. Ze kunnen immers ook een dekmantel zijn voor een dieperliggend conflict over essentiëlere zaken als vertrouwen, intimiteit of erkenning. Ook zulke conflicten komen in elke relatie voor, zegt Buysse, maar als ze te vaak de kop opsteken, staat de relatie wél onder druk. Het ergst zijn de aanvallen op elkaar als persoon, als vader, als minnaar, als man. Een conflict als dit duikt beter niet te vaak op.

Hoe maken mensen ruzie? 'Er is een verschil tussen mannen en vrouwen', zegt Buysse. 'In dat verband hebben we vastgesteld dat het cliché klopt: vrouwen willen het vaker uitpraten, terwijl veel mannen zich liever achter hun krant verstoppen. Dat komt deels door hun opvoeding. Meisjes worden vaker aangemaand om hun ongenoegen uit te spreken. Jongens krijgen de raad hun energie af te reageren op een bal in de tuin!'

Maar de onderzoekster wijst ook op een biologisch verschil: 'Vrouwen kunnen langer met negatieve emoties om. Zij worden geleidelijk aan kwaad. Ondertussen kunnen ze nog behoorlijk functioneren. Terwijl mannen veel sneller uitbarsten. Zij evolueren heel snel naar een hoge piek. Mannen hebben dus meer last van hun negatieve emoties dan vrouwen. Daarom proberen zij dat conflict, die uitbarsting, te vermijden. Maar vrouwen willen ermee doorgaan. Het gevolg is dat het cliché van de kijvende vrouw en de zwijgzame man werkelijkheid wordt.'

Niet het verschil tussen mannen en vrouwen maakt paren ongelukkig, zegt Buysse. 'Het gaat erom hoe zij op elkaar inspelen en elkaar versterken. Hoe meer zij zeurt, hoe meer hij zich terugtrekt, en dan gaat zij op haar beurt nog meer zeuren. Relaties zijn veel meer dan de som van twee individuen. Ze kunnen veel meer goeds bevatten, en veel meer slechts, dan die twee enkelingen in zich hebben. Relatietherapeuten kunnen die negatieve spiraal blootleggen en helpen ontwarren.'

Of een man vaak bloemen meebrengt voor zijn vrouw en zij hem geregeld complimenteert, speelt ook niet zo'n rol, zegt de onderzoekster. 'Hoe vaak je zoiets hoort te doen om een succesvolle relatie uit te bouwen: daar zijn geen regels voor. Maar onderzoek in de Verenigde Staten heeft uitgewezen dat er vijfmaal meer positieve communicatie moet zijn dan negatieve. Zo zijn er stellen die heel veel kibbelen, maar elkaar ook erg graag zien en dat ook tonen. En er zijn standvastige paren die geen van beide vaak doen.'

Therapie kan helpen wanneer mensen niet meer zien wat er nog aan goeds in hun relatie gebeurt. 'Sommige zien alleen nog het goede dat ze zelf doen, en amper het positieve bij de ander. Therapeuten kunnen die discrepantie onthullen', meent Buysse. Dan is er wat psychologen 'hechting' noemen. Zoals ouders en kinderen al dan niet goed gehecht zijn, speelt dit ook bij partners een grote rol. Buysse: 'Het gaat hier om het gevoel van emotionele veiligheid: kun je bij elkaar terecht? Is de ander een haven bij wie je kunt thuiskomen? Dit kenmerk blijkt van groot belang voor het relatie-"geluk" dat mensen ervaren. Als je signalen uitzendt en de ander gaat er niet op in, ga je je almaar onzekerder voelen. Je gaat die signalen mogelijk versterken, opdat je partner ze toch nog opvangt. Ook in negatieve zin: je gaat misschien vaker huilen en zo. Dan ontstaat ook hier een negatieve escalatie, die het best doorbroken wordt.'

Een volgende vraag die ze aan paren voorlegde, was: als je man/vrouw te laat komt, waaraan ligt dat dan? Sommige mensen denken spontaan aan een verkeersopstopping of een dringend telefoontje op het werk. Andere zeggen meteen: 'Typisch hem/haar!' Buysse: 'Gelukkige mensen schrijven negatief gedrag toe aan toevalligheden en positief gedrag aan de persoon. Ongelukkige mensen doen precies het omgekeerde!'

Tot slot de vraag hoezeer mensen zich in hun partner kunnen inleven. In het jargon heet dat 'empathische accuraatheid'. 'Hoe beter mensen dit kunnen, hoe gelukkiger ze zijn in hun relatie. Anders gezegd, als ze ongelukkig zijn, komt dat vaak doordat ze ervaren dat de ander geen idee heeft van wat er in hun hoofd omgaat. De meeste mensen vinden zoiets verschrikkelijk.'

Hoe test je de mate waarin iemand zich kan inleven? In Gent moeten paren nadat ze ruzie hebben gemaakt en deze confrontatie op video werd opgenomen, naar deze video-opname kijken en 'stop!' roepen bij elk moment dat ze iets dachten of voelden, zonder dat ze het uitspraken. Daarna moet de andere partner gissen welke die gedachten en gevoelens waren. Buysse relativeert: 'Sommige mensen doen dat beter dan andere, maar het belangrijkste is hoe je op elkaar inspeelt: bij de een kun je beter "gissen" dan bij de ander. Niet het individu, maar het paar is bepalend.'

Conclusie? 'Als je kiest voor een partner, kies je hopelijk voor veel geluk. Maar onvermijdelijk kies je ook voor een rist problemen die je niet kunt oplossen. Het is behoorlijk zinloos om een van beiden daarvan de schuld in de schoenen te schuiven. Patronen in een relatie verlopen niet rechtlijnig, van a naar b, maar in cirkels. Alles hangt met alles samen. Dat inzicht kan erg bevrijdend zijn voor paren die moeilijkheden ervaren. Je hoeft niet langer naar de "oorzaak" van een relatieprobleem te zoeken. Enkel naar een techniek om die cirkels te doorbreken.'

‘Hij heeft me betoverd’

Denise (54) trouwde met een knappe, lieve man uit het buitenland. Een badmeester, die ze tijdens een verre vakantie op een zonnig strand leerde kennen. ‘Hij had er een heerlijk leventje’, zegt ze over Miguel (60). ‘Een vakantieoord, veel vrienden, een moeder en een tante die hem met veel zorgen omringden. Toch ruilde hij dat in voor een huwelijk met mij. Je zou kunnen denken dat hij het om de westerse luxe deed. Maar luxe heeft hem nooit geïnteresseerd.’

Ze zijn allebei al wat ouder, hebben twee grote kinderen die het huis uit zijn. Een dochter die hun een kleinzoon schonk. En een zoon, Victor, die door de week in een instelling verblijft. Want net als zijn vader heeft hij autisme en is hij matig begaafd.

Lange tijd dacht Denise dat het anderszijn van haar man te wijten was aan de cultuurverschillen. Lange tijd was het leven met hem draaglijk. Maar nu Miguel ouder wordt, sluit hij zich meer en meer op in zichzelf. En Denise is moe. Een jaar of wat geleden heeft ze ook haar man laten opnemen. ‘Ik ben de slechte, hé. De strenge tante die door de buitenwereld scheef bekeken wordt vanwege de onsympathieke beslissingen die ik neem. Dat is al zo sinds de geboorte van Victor.’

Je bent nog altijd met Miguel getrouwd.

‘Ja, dat is eigenlijk een wonder. Een priester heeft mij eens gezegd dat ik wettelijk én kerkelijk zou kunnen scheiden. Maar ik kan geen afstand van hem doen. Ik heb niets aan

Miguel, en toch zie ik hem graag. Hij komt elk weekend thuis. Ooit zei hij: "Gij zult nooit een andere man nemen, zolang ik leef!" Verdraaid, dacht ik, hij heeft me betoverd.'

In het weekend heb je het erg druk, want dan komen je man en je zoon thuis.
'Victor komt maar een weekend op de twee thuis. Maar Miguel elk weekend, ja. Ik was en strijk voor hem. Ik maak eten voor beiden klaar. Victor doet zijn eigen was en strijk. Die jongen is er sinds kort op vooruitgegaan. Vroeger had hij een IQ van 70, maar hij leert goed en ik denk dat hij nu stilaan een grensgeval geworden is. Altijd komt hij met goede rapporten thuis: "Victor doet zijn best en is een voorbeeld voor de anderen in de groep." Met rekenen en zo blijft hij het wel moeilijk hebben. Dan zeg ik: "Ja, jongen, je kunt niet alles kunnen."
Het is altijd een beetje feest als Victor thuis is. Want hij doet het heel goed bij zijn vader. Het is vreemd om te zien, maar het is nu veeleer Victor die voor zijn vader zorgt dan omgekeerd. Hij helpt me uitstekend. Ondanks alles zijn mijn twee kinderen allebei verzot op hun vader. Ze kunnen niet zonder hem. De band tussen Miguel en onze dochter is zo mogelijk nog hechter. Dat komt doordat zij zijn mooiste jaren heeft meegemaakt.'

Vertel eens.
'Saskia is zes jaar ouder dan Victor. Ze is nu zevenentwintig. Wat was Miguel gelukkig bij haar geboorte! Maar zijn geluk was van hem alleen. Ik moest hem aanporren om eens een rondje te geven, wat hier in het dorp toch de gewoonte was. Hoe hij met dat kind bezig was! Ik keek mijn ogen uit. Een enorm contrast met de andere vaders in het Pajottenland in

die tijd. Ik schreef dat verschil toe aan zijn buitenlandse achtergrond. En dat zal voor een deel ook wel kloppen. In zijn geboorteland worden kinderen op handen gedragen.
Ik kwam met de baby uit de kraamkliniek en hij had het wiegje aan zijn kant van het bed gezet. Ik was heel zwak toen, altijd moe, ijzer tekort. Hij hielp me geweldig. 's Nachts stond hij op als ik Saskia moest voeden. Hij gaf haar aan mij, verschoonde haar, ververste de lakentjes. Ik mocht haar zelfs niet wassen. Soms lag ze in zijn armen te slapen. Ze huilde nooit lang bij hem. Later pas ontdekte ik de pot met honing die hij onder het bed had verstopt en waar hij de fopspeen instak. Tuurlijk dat ze zweeg! *(lacht)*
Dat eerste jaar ging ik nog buitenshuis werken, ook 's zaterdags. En Miguel wandelde vol trots met Saskia in de wandelwagen door het dorp. Ze is altijd zijn prinses geweest. Ze waren heel dik met elkaar. Als hij prei plantte in de tuin, zette hij dat ukje in een stoeltje naast zich en dat stoeltje schoof altijd mee op. Ze sprak "Vlaams" zoals hij, met woorden in de verkeerde volgorde. Het was een gouden tijd voor Miguel.
Pas na de geboorte van Victor is het echt begonnen. Victor deed raar, en Miguel ook. Hij begreep niets van het autisme van zijn kind. Dat was een harde klap voor mij: ik stond er plots helemaal alleen voor.'

Wist je het meteen, dat er iets mis was met Victor?
'Ik zag direct dat hij anders was. Hij was mijn eerste niet, dus ik kon vergelijken. Bovendien heb ik mijn hele leven met kinderen gewerkt: eerst in een instelling voor voogdijkinderen, daarna hield ik pleegkinderen bij mij thuis. Mij moesten ze niets wijsmaken.
Nu had ik een slechte zwangerschap gehad. Ik lag drie maanden in het ziekenhuis en had een moeilijke bevalling. Ik kreeg

een hevige bloeding en lag aan allerlei machines. De baby was klein, ik kon hem niet bij me nemen. Ik kon alleen maar tegen hem praten. En hij hief altijd zijn hoofdje op. Dat vond ik vreemd. Dat hoofdje leek precies niet bij dat lichaampje te passen. Vijf dagen na zijn geboorte hield ik hem voor het eerst in mijn armen. Ik merkte dat zijn ademhaling onregelmatig was. Ik heb daarover nogal wat afgezeurd tegen de kinderarts. Die man vond dat ik vreselijk boven mijn toeren was. "Mevrouw, als u zo doorgaat, staat er u nog wat te wachten!" En of er mij nog wat te wachten stond! Ik ben drie jaar boven mijn toeren blijven draaien. Tot de diagnose werd gesteld.'

En Miguel reageerde niet goed op die nieuwe baby?
'Hij was nochtans ook erg begaan met Victor, hoor. Toen ik de jongen op de leeftijd van drie en een half jaar naar een internaat bracht, ging Miguel in het dorp rondbazuinen dat ik mijn kind weg had gedaan. Hij zei dat hij dat niet zou overleven. Ook mijn moeder zei dat ze het zou besterven. Ze kreeg er een depressie van. En ik intussen al die naampjes in zijn kleren naaien! Met elke steek voelde ik er ook een in mijn ziel.
Maar ik wist dat het het beste was. Ik was en ben nog altijd heel blij met mijn zoon. We hebben een sterke band. Ook al is het vaak erg zwaar geweest. Want met Victor kregen we echt grote problemen in ons gezin. Hij had last van astmatische bronchitis. Bij het minste risico werd hij weer ziek. Ik moest stoppen met kindjes opvangen. Zodra er eentje verkouden was, moest Victor naar het ziekenhuis. Hij was ook erg druk. Later vernam ik dat hij behalve autistisch ook hyperkinetisch was. Voor zijn gezondheid gingen we naar zee. Hij *bleef* maar lopen, altijd rechtdoor, altijd voor ons uit. Ik er achteraan. En dan plots als een tol beginnen te draaien met

de wind. Hij boeide mij! Ik vond het echt een fascinerend kind. Maar vermoeiend. Tot zijn twaalfde hebben wij geen enkele rustige nacht gekend als hij thuis was.'

Zou je durven zeggen dat dat moeilijke kind ook Miguel moeilijker heeft gemaakt?
'Hoe gehecht hij ook aan zijn kinderen was, het gedrag van Victor begreep hij niet. Maar als ik terugkijk, denk ik dat Miguel is beginnen te ontsporen toen ik tijdens mijn zwangerschap drie maanden in het ziekenhuis moest rusten. Mijn moeder zorgde toen voor Saskia en Miguel at 's middags bij mij. Ik liet elke keer een extra maaltijd voor hem komen. Hij werd dus zeker niet aan zijn lot overgelaten, maar die drie maanden alleen moeten hem zwaar zijn gevallen. Niemand vroeg zich af of Miguel zich wel uit de slag kon trekken. Ik weet nog hoe hij op een keer het ziekenhuis binnenkwam met sandalen aan en sokken met zulke grote gaten erin. Ik zei: "Hoe zie je d'er nu uit!" "Dat is voor de frisse lucht." Iedereen dacht: ach ja, het is een buitenlander. Hij haalt een grapje uit.'

Dat cultuurverschil was er altijd al.
'Ja, en daarom heb ik veel zaken in het begin niet onmiddellijk als een probleem ervaren. De eerste brief die hij aan zijn moeder schreef: een hele middag zat hij boven dat blad te zuchten. Ik keek wat hij al geschreven had en zag alleen: "Dag lieve moeder, hier is uw zoon met weer wat nieuws." Verder kon hij niets bedenken. Dan moest ik hem uitleggen dat hij kon schrijven over wat we die dag en die week allemaal hadden gedaan. Met moeite kreeg hij één kantje vol.
Hij plantte onze tuin vol aardbeien. Ik smulde daarvan! Maar 's avonds toen hij thuiskwam, was hij helemaal ontdaan: "Waar zijn mijn aardbeien naartoe?" De volgende ochtend

kocht hij twee kilo aardbeien in de winkel, opdat ik toch maar van de zijne afbleef. Hetzelfde met de prei: netjes op rijtjes geplant, telkens 25 centimeter ertussen zoals in het tuinboek beschreven stond. Hij kon niet verdragen dat ik er een uittrok om soep van te maken. Want dan was zijn rijtje stuk. Saskia moest heel lang stipt naar bed. Niet dat ze erover klaagde. Zij deed dat om hem een plezier te doen. En hij maakte zich ook nooit kwaad. Niet op mij, niet op de kinderen. Miguel is niet agressief. Hij is juist erg lief.

Ik merkte ook dat hij moeite had met zijn werk. Miguel is van het aards paradijs hierheen gekomen. Hij had er een leuke job en werd er goed omringd. Toen wij zes weken getrouwd waren, kreeg hij een aanbod van de instelling waar ik werkte, om badmeester te worden in het zwembad van de school. Hij kon immers zwemmen als een vis. En omdat hij geen Nederlands kende, moest hij geen schriftelijke proeven afleggen.

Maar iedere maand moest hij ook de rekeningen opmaken van de ijsverkoop en de drankautomaat. Dat lukte hem niet zo goed. Dus hielp ik hem. Ik zag snel dat hij op zijn vingers telde. Daar stond ik toch wel van te kijken. Vanaf toen begonnen we op zondag rekenoefeningen te maken. Twee plus twee, dat ging. Maar drie plus negen, daar giste hij naar. Met oneven getallen kon hij niets aanvangen. Hij pochte dan maar dat hij heel goed kon vermenigvuldigen. Dat had hij allemaal uit het hoofd geleerd.

Ik merkte dus wel dat er iets schortte. Ik had dikwijls het gevoel dat hij me niet begreep. Dan probeerde ik het in het beetje Duits dat ik kende. Ik stuurde hem naar de winkel om room en dan kwam hij met rum thuis. Ik dacht dat het allemaal kwam doordat hij uit een ander land kwam. Tot ik zijn broer leerde kennen.'

Die leerde je dat buitenlanders niet allemaal 'vreemd' doen?
'Juist. José heette hij, maar we noemden hem Pepe. Hij woonde met zijn Duitse vrouw in Hannover. Pepe is nu dood, maar hij was een goede vriend van mij. Hij vertelde mij alle familiezaken. Dat vond ik wel een beetje vreemd: waarom vertelde hij die niet aan Miguel? Maar Miguel ging net als altijd naar het voetbal kijken. "Laat hem maar", zei Pepe, die zijn broer goed kende. "Ik spreek straks wel met hem."
Hun vader was doodgegaan toen Miguel zes was. Pepe was een soort vervangouder. Hij waakte over Miguel. Op een keer zei hij tegen me: "Denise, wij zijn jou enorm dankbaar, omdat je van Miguel een meneer hebt gemaakt." Tja. Ik zag ook dat Pepe wel een buitenlander was, maar toch niet zo vreemd deed als Miguel. Ik vroeg me af hoe dat kwam.
En op een keer tijdens een vakantie in Spanje vertelde een tante van Miguel me dat hij een man was van 33, "maar met het verstand van een twaalfjarige". Dat vergeet ik nooit. Ze kenden hem daar dus wel. Er waren trouwens nog een paar vreemde kwasten in de familie. Een oom die altijd in het hooi sliep, bijvoorbeeld. Maar ik had nergens een aanknopingspunt om dat anderszijn van Miguel een naam te geven. Tot Victor geboren werd. Of liever, tot bij onze zoon de diagnose werd gesteld. Miguel was toen al 39.'

Drie jaar heeft het geduurd voor de diagnose werd gesteld dat je zoon autisme had. Dat was redelijk snel voor die tijd. Of niet?
'Autisme was nog niet bekend. Ik had daar in mijn opleiding en ook later nooit iets over gehoord. Maar ik was er met Victor niet gerust op. Hij was geen gewoon kind. Dus liep ik van de ene dokter naar de andere. Op een dag zegt zo'n arts: "Uw kind is erg druk. Hij is hyperkinetisch." Kijk, dát kende ik wel. Ik had daar veel over gelezen en er al een paar program-

ma's op de tv over gezien. Ik wist dat die kinderen, als ze rustig zijn, kunnen spelen. Victor niet. Ieder glas dat hij in zijn handen kreeg, liet hij vallen: zo'n mooi gerinkel! Hij heeft er ook wel eens ramen voor stukgegooid. Alleen voor het geluid. Hij gebruikte zijn bed als een trampoline en de lamp als een liaan. Al heen en weer zwierend kwam hij zo bovenop de kleerkast terecht. Hij moet toen een jaar of zes geweest zijn. Zijn topjaren: één en al ellende.
De diagnose is ten slotte gesteld in een centrum voor geestelijke gezondheidszorg, nadat ik twee jaar lang het hele land had afgereisd, op zoek naar een antwoord. Ik stelde die mensen voor de keus: ofwel vertellen jullie mij wat er hem scheelt, ofwel voeren jullie mij maar af naar de psychiatrie. De dokters zeiden tegen elkaar: "Zou dit geen autisme zijn?" Ik heb dat woord thuis onmiddellijk opgezocht. In die oude encyclopedie stond te lezen: "Autisme is een vorm van schizofrenie, wat gekheid of kilheid betekent." Ik kon mij daar niet veel bij voorstellen. En al helemaal niet als ik aan Miguel dacht. Want dat was zo'n knuffelaar. Jarenlang was hij niet van me af te slaan.'

Is er een moment geweest waarvan je zegt: daar en toen heb ik wel het verband gelegd tussen Miguel en autisme?
'Op een keer ging Miguel met Saskia op vakantie naar zijn geboortedorp. Ik had geen zin om mee te gaan, met Victor en zo. Ik was toen al actief in een werkgroep autisme, die geleid werd door een bekend acteur. In het dorp van Miguel waren een paar Vlamingen met vakantie die ons kenden. Ze belden naar huis en hoorden dat ik gezien was met die acteur. Ze gingen dat meteen aan Miguel verklappen: "Zie je nu wat er gebeurt als je niet thuis bent!"
Bij zijn thuiskomst kreeg ik met moeite een kus. Hij had een cadeau meegebracht voor mijn ouders. Maar niet voor mij.

Nu ja, met mijn verjaardag kreeg ik ook nooit iets. Zo ging dat met Miguel: op de dag zelf zag hij de verjaardagskaarten arriveren en elk jaar zei hij weer, "Oei, ik heb niets voor jou, hoor!" Na die vakantie ging hij met zijn rug naar mij liggen in bed. Heel raar, want ik heb altijd een innige vriendschap met hem gehad. De volgende dag spreek ik hem daarover aan. Toen hoorde ik het: "De mensen zeggen dat jij altijd met die acteur op stap bent." We waren al zo lang samen! Ik zeg: "Denk je nu echt dat ik iets verkeerds zou doen?" Hij haalde zijn schouders op: "Nee, maar de mensen zeggen het." Dat heeft zes maanden geduurd. Elke dag datzelfde verhaal. Toen wist ik het zeker: er is met hem ook iets mis. Dat is nu veertien jaar geleden.'

Maar je bent daar niet meteen mee naar buiten gekomen?
'Nee zeg! Het is zelfs nu nog zo'n bom. Dat een gehuwd man, met werk, vader van twee kinderen, autisme zou kunnen hebben. Maar van toen af ben ik nog meer op hem beginnen te letten. En ik moet toegeven dat ik nog lang ben blijven twijfelen. Omdat iedereen toen zei dat mensen met autisme geen gevoelens hebben. En dat klopte dus pertinent niet.'

Je ging wel bevestiging zoeken.
'Bij wie moest ik aankloppen? In die tijd werkte geen enkele hulpverlener met autisten die trouwden en kinderen kregen. Ik polste de thuisbegeleider van Victor, maar die verweet me dat ik "overal autisme zag". De huisarts geloofde me ook niet. Ik had een lange weg afgelegd met Victor en ik besefte dat het een nog veel langere weg zou worden met mijn man.
Al bij al heeft dat nog een paar jaar aangesleept. In het Opleidingscentrum Autisme in Antwerpen ben ik een cursus gaan volgen. Ik zou er leren hoe je het best met autisten omgaat.

Maar ach, die dingen gingen vanzelf: structuur bieden, kordaat zijn, niet toegeven. Ik kende dat al lang, van Victor én van Miguel. Ik zat er middenin. Daar in Antwerpen heb ik voor het eerst steun gevonden voor het idee dat ook een volwassen, gehuwde man autisme kan hebben. Een jaar of wat later was ik op een congres over autisme in Hamburg. Er werd een uiteenzetting gehouden over echtparen, van wie één partner autisme had. Wat een schok. Ik herkende onze situatie zo duidelijk, vooral de beschrijving van seksuele problemen.
Miguel was weliswaar heel aanhankelijk. Bijna als een kind. Mijn moeder heeft het vaak gezegd toen we verkering hadden: "Zoals Miguel heb ik nog nooit een vent zot zien draaien rond zijn lief." We zijn altijd heel innig geweest met elkaar. Haantje-de-voorste was ikzelf op dat vlak zeker niet. Maar als er helemaal geen seks is, weet je toch wat je mist. Het mislukte ook vaak. Let wel, hij leed daar zelf ook onder, hoor. Hij was vooral bang dat ik iemand anders zou gaan zoeken.'

Hoe voelde jij je daarbij? Was het een grote ontnuchtering?
'Ja, je gaat aan alles twijfelen. Was dat nu liefde geweest die Miguel voor me voelde, of had hij zich alleen maar aanhankelijk getoond omdat ik een sterk karakter heb en hij in alles op me kon steunen? Je leven stort als een kaartenhuisje in elkaar. Maar hij bleef wel even lief als voorheen. Dat is mijn grote geluk geweest.'

Hoe en door wie is uiteindelijk de diagnose gesteld?
'De huisarts geloofde me eerst ook niet. Maar op een dag voelde Miguel zich ziek: "Een klein griepje". Dat zegt hij altijd als hij zich niet lekker voelt. Ik wist dat het psychisch was, dat de druk te groot werd, vanwege zijn werk en de toe-

stand met Victor. In die tijd kroop de jongen door alle ramen naar buiten en wandelde hij over de daken. We moesten overal tralies laten aanbrengen.

Ik stuurde Miguel naar de huisarts, al wist ik dat die niets lichamelijks zou vinden. Hij onderzocht hem van top tot teen: niets. Dat gebeurde verscheidene keren in korte tijd. Beetje bij beetje kon ik de dokter zo voor de gedachte winnen. Samen met ons zocht hij naar een arts die de diagnose kon bevestigen. Zo kwamen we bij een specialist in leerstoornissen terecht. Eerst moesten we bij een psychologe langs. Ik zei nog, laat u niet misleiden, want Miguel zal zeggen dat zijn moeder pas gestorven is, dat hij zijn bril niet bij zich heeft en de taal niet spreekt. En ze trapten er toch wel in, zeker! Na afloop van het onderzoek kregen we een brief: "Er scheelt niet zoveel, meneer is wat traag en begrijpt de taal niet. Maar mevrouw komt nogal autoritair over." Ik was enorm ontgoocheld.

Daarna kwam er een begeleider van de autismevereniging aan huis: dat kon toen nog, voor volwassenen. Dirk wilde Miguel eerst grondig leren kennen voor hij zich uitsprak. Vooral tijdens een groepsweekend van de vereniging ontdekte hij hoe hulpeloos Miguel in alles was. Miguel nam niet deel aan de gewone gesprekken. *Zwanzen*, ja. Voetballen met de kleine kinderen, dat ook. Maar zelf zijn kleren kiezen of zich omkleden bij het zwemmen, oei, dat nam hopen tijd in beslag! Ha ja, want thuis organiseerde *ik* altijd alles in zijn plaats. Ik dek de tafel, want als hij het moet doen, duurt het *uren*.'

Heb je er ook met Miguel zelf over gesproken?

'Ja, zodra ik vermoedens had. Ik wilde niet achter zijn rug bezig zijn. Miguel was kwaad op mij, dat wel. Maar nooit agressief. Zo was hij niet. Omdat ik het vroeg, stemde hij in

met thuisbegeleiding en liet hij zich testen. Wij zijn naar alle hoeken en kanten van het land gereden, op zoek naar medische erkenning. Dat heeft mij fysiek veel gekost. Wij hebben nooit een auto gehad. Al die verplaatsingen per trein en te voet! Ik *blijf* moe, voor de rest van mijn dagen.
Ik ken intussen heel wat families en echtparen wier kind of partner autisme heeft. Ik herken die mensen op het gevoel af, want ik leef nu al 28 jaar met autisten. Sommige vrouwen belanden in de psychiatrie, doordat ze het autisme van hun man niet aankunnen. Daar kijk ik niet van op. Maar ik heb een sterk karakter. Anderen noemen me dan wel autoritair, maar het is de enige manier waarop ik kon overleven. Al ben ik sinds kort veel rustiger geworden. Stiller. Het afgelopen jaar kreeg ik de ene tegenslag na de andere te verwerken. Ik zit tegen mijn eigen grenzen aan. Veel ziek geweest, en erg depressief. Ik zou nu het liefst een tijdlang geen enkele autist meer zien!
Maar die depressie heeft me weer iets over Miguel geleerd. Want op een dag ging ik de straat op en herkende niemand meer. Verschrikkelijk! Zo voelt hij zich waarschijnlijk de godganse dag. Wanneer wij, mensen zonder autisme, bekenden ontmoeten, herkennen wij elkaar in een flits. Miguel niet. Hij ziet, voelt en hoort zoals wij. Maar hij kan met die informatie niets aanvangen. Hij is voortdurend in de war. Dát is autisme.'

Kun je zeggen dat zijn autisme lange tijd geen handicap is geweest tussen jullie?
'Nee, dat is te sterk uitgedrukt. Hoe dikwijls heb ik me niet boos op hem gemaakt? Als we op vakantie waren in zijn dorp, moest ik op een strandstoel blijven zitten, of hij ging me ongerust overal zoeken. Dat was toen soms al moeilijk voor

me. Maar ik heb lange tijd een uitlaatklep gehad in de zorg voor Victor. Hij had ook veel obsessies. Al wat los op straat lag, was van hem. Wat hij allemaal aansleepten! Ik kan geen houtkachel meer zien.
Er was een tijd dat ik erg actief was in de autismevereniging. Elke keer kwam ik met schrik in het hart thuis: wat zal er nu weer mis zijn? Dan vond ik de stofzuiger middenin de woonkamer, emmer en dweil in de keuken: aan alles was hij begonnen, maar hij had niets afgemaakt. Op een dag had hij de kamer van Victor van onder tot boven met blauwe autoverf overschilderd. Er was een tijd dat hij graag metselde, hoewel hij dat niet goed kon. Zo heeft hij ook de kelder toegetakeld: dat is daar nog een en al puin. Hij heeft 'm maar half weer opgebouwd.'

Hoe redde hij zich op zijn werk? Want hij is niet lang badmeester gebleven, hé?
'Het zwembad van de school ging dicht. Hij kon aan de slag in de bouw, en had het geluk dat hij jarenlang onder een oudere dorpsgenoot werkte. Die leerde hem het vak en nam hem in bescherming. Na het pensioen van die man, hield Miguel het daar niet lang meer uit. De collega's hielden hem voor de gek: "Miguel, ga eens bier kopen!" En Miguel deed dat, in de tijd van de baas.
Later is hij nog een tijdje gaan schoonmaken bij de autismevereniging. Zelfs dat ging niet zo vlot. Opdat hij altijd de juiste lap voor de juiste klus gebruikt, zouden al die lappen een andere naam moeten hebben. Ik ken dat nog van Victor: alles structureren. Maar bij Miguel heeft dat nooit zo goed gewerkt. Hij is tenslotte geen kind meer.'

Ten langen leste heb je hem onder dwang laten opnemen in een instelling. Dat klinkt hard.

'Ik *kon* niet meer. Miguel wou nergens naartoe om zich te laten helpen. Hij wilde niet bij mij weg. Maar hij verviel altijd in die eeuwige herhalingen: honderdduizend keer hetzelfde zeggen. Gek werd ik ervan. Toen hij eenmaal hele dagen thuis was, werd het er alleen maar erger op. Ons sociale leven brokkelde af, omdat hij iedere bezoeker prompt weer buitenwerkte. Hij werd almaar verwarder en slorpte al mijn energie op: "Denise, waarom kijk je niet naar mij", "Denise, waarom praat je niet met mij". De hele dag door.
Ik, de bazige vrouw, was helemaal niet de baas in huis. Ik was de dienstmeid, want Miguel bepaalde mijn hele leven. Ik gaf hem leiding, ik bood hem structuur. Kortom, ik hield hem in leven. Andere vrouwen zeggen tegen mij dat ik geen schuldgevoelens mag koesteren. Want dat er weinigen zijn die zoveel voor hun autistische man hebben gedaan als ik. Maar op een dag heb ik tegen de huisdokter gezegd: ofwel Miguel de deur uit, ofwel ik.'

Hij wilde niet weg, maar jij dwong hem ertoe.
'De huisarts vond het ontzettend moeilijk, want hij heeft een goede band met Miguel. Ik was er toen van overtuigd dat ik Miguel niet graag meer zag. Ik ben er voor drie dagen uit gevlogen. Naar zee. De politie kwam hem thuis halen en bracht hem naar de vrederechter. Die vroeg aan de agenten: "Wat vinden jullie van deze man?" "Ach, meneer", zeiden de agenten, "'t is een hele brave, hij woont al zo lang bij ons in het dorp." Diezelfde avond stond hij weer thuis. Ik spoorslags van zee naar ons dorp. Miguel in tranen: "Nu heeft de dokter iets lelijks gedaan met mij!" "Nee", antwoordde ik, "dat was de dokter niet, dat was ik. En nog iets, ik zie u niet meer graag." Hij heeft drie dagen geschreid als een klein kind.

Bij mij was echt alles dood. Maar Miguel wilde niet buigen. Hij vertelde iedereen dat hij oprecht zijn best zou doen opdat ik hem weer graag zag. Als een jonge kerel was hij in de weer! En ja, op de duur zag ik hem weer graag. Nee, niet om alle moeite die hij zich getroostte. Hij is gewoon altijd mijn grote liefde geweest.'

En daarna?

'Met mij ging het steeds slechter. Veel van de fysieke problemen waar ik nu aan lijd, wijt ik aan die tijd. Ik heb verscheidene operaties ondergaan en danste meer dan eens op een slap koord. Bij elke opname moest Miguel met me mee. Want alleen kon hij het thuis niet meer redden. En elke keer weer naar de chaos thuis. Miguel liet geen enkele bezoeker binnen, want "Denise is ziek en ze moet rusten". Maar ondertussen ging hij wel elke ochtend fietsen en liet mij hulpeloos achter. Ik kon geen vinger verroeren. Dat was om te huilen.

Misschien was ik wel veel te sociaal om met Miguel samen te leven. Dat is mijn enige fout geweest. Ik kreeg graag mensen over de vloer maar Miguel kon daar niet tegen. Ook niet toen ik nog niet ziek was. Dan bleven ze 's avonds laat zitten, maar Miguel ging steevast om tien uur naar bed. En dan boven met een bezemsteel op de vloer bonken als er te veel lawaai was!'

Nu woon je al een paar jaar alleen.

'Hij werd almaar onrustiger. De huisarts kon Miguels angsten niet meer bezweren. Op een dag begreep ook de dokter dat we moesten ingrijpen.

Toen mijn dochter vernam dat hij was weggebracht, is ze op haar werk in een hoekje gaan zitten om te huilen. Veertien dagen later kwam Victor thuis: "Waar is papa?" Die jongen rolde over de vloer heen en weer. Mijn kinderen zo te zien lijden was voor mij nog het ergste. Dan beter een smeerlap van een vent, waar je boos op kunt zijn.'

Waar heb je hem naartoe gebracht?
'Tja, waar hebben we hem naartoe gebracht? *(zucht)* Goede psychiatrie, dat bestaat niet, hé. Dat is een contradictio in terminis. Ellendig was het. Ik zag hem er langzaam wegglijden. Ze staken hem vol medicijnen. Als ik bij hem op bezoek was, lag hij met zijn hoofd in mijn schoot. Altijd moet je als partner de sterkste zijn.
De psychiaters geloofden niet dat hij autisme had. Ze zeiden dat hij er niet op zijn plaats zat. Natuurlijk niet, maar waarom vonden zij het dan nodig om hem vol medicijnen te stoppen? De artsen noemden mij "een sociaal geval". Eén heeft mij ooit uitgemaakt voor rotte vis. Volgens mij hebben ze zijn dossier voor het eerst opengemaakt en gelezen toen ze bij zijn afscheid een verslag moesten schrijven. Want ikzelf heb een betere plaats voor hem gevonden in De Okkernoot, een tehuis voor volwassenen met autisme. Daar vielen die geleerde artsen steil van achterover!'

Is Miguel daar graag?
'Jawel. Maar hij vraagt nog altijd om weer naar huis te mogen komen, voorgoed. Weer naar huis gaan is zijn doel. Ik neem de verantwoordelijkheid voor zijn plaatsing op mij. Ik zeg tegen hem: "Miguel, ik *kan* niet meer voor je zorgen."
Hij spreekt nu bijna niet meer. Ik por hem aan: "Ge moet antwoorden als ik iets zeg!" Hij geeft me nog een ja en een nee. Wij eten niet meer samen. Want hij kan niet aan tafel blijven zitten. Tot tien keer toe loopt hij eromheen. Dat deed Victor ook toen hij klein was, maar hij heeft geleerd dat dat

niet mag. Het is precies of de rollen omgekeerd zijn. Victor zorgt nu veel meer voor Miguel dan andersom. Hoe ze samen naar het voetbal kijken: "Ja, pa, díe daar, dat is er een van Club Brugge, en díe..." Of als Miguel te veel voorovergebogen loopt: "Papa, hoofd omhoog!" De mensen raken ontroerd als ze die twee samen bezig zien.'

Welke reacties heb je gekregen toen je Miguel liet plaatsen?
'Mijn familie zei dat ik mijn vrijheid terug wilde. De buren hebben zes maanden niet tegen mij gesproken. Nu nog zeggen ze me met moeite gedag. Hoe kunnen ze echt denken dat ik van hem af wil? Ik mis hem *ook*.
Vroeger was hij een en al knuffelaar, en nu raakt hij me nooit meer aan. Ik weet dat ook dát nu voorbij is. Als ik hem onverwacht aanraak, springt hij een meter hoog. Toen de seks tussen ons wegviel, bleef hij nog met een arm om me heen slapen. Maar je zou hem nu moeten zien liggen op zijn kant in het bed: helemaal opgekruld. En we hadden zo'n innige band!
Als hij thuiskomt, krijg ik een kus. En als hij vertrekt nog een. Meer niet. Hoe slechter ik eruitzie, hoe minder contact hij met me zoekt en hoe minder hij me helpt. Zie je, voor alles heb ik een uitleg klaar! *(lacht)* Vorige week vroeg ik Miguel in de keuken: Ga je mij morgen ook helpen met het eten? Hij keek me alleen maar raar aan. Wat is er? wilde ik weten. "Jij alleen maar vragen om te werken." Wat moet ik anders nog vragen? Toen zei hij: "Dat is waar." Het vergt veel energie om goed met hem te communiceren. Wanneer mijn broer op visite is, drinkt hij samen met Miguel een pint. Hoe gaat het met je, Miguel? "Goed." Voor mijn broer is alles dan in orde. Ik denk dat je, zoals Victor, zelf een beetje autistisch moet zijn om nog tot Miguel door te kunnen dringen.'

Trek je je dat aan, dat je zo weinig steun krijgt?
'Na al die jaren sta ik overal boven. Ik krijg gelukkig veel steun van mijn Duitse schoonzus, de weduwe van Miguels overleden broer Pepe. Zij belt me geregeld: "Hou je goed, Denise, en koop maar mooie, nieuwe kleren!"
Er zijn weekends dat het redelijk gaat, weekends dat Victor ook thuis is. En andere, met Miguel en zonder Victor, waartegen ik nogal opzie. Zaterdag zijn we samen naar de kermis geweest. Dat wou hij graag, maar het is hem veel te druk. Miguel kan de wereld niet meer aan. Tot halfeen 's nachts is hij blijven ijsberen in huis, altijd maar rondjes om de tafel heen. Knettergek word ik ervan. Saskia kan daar veel beter tegen. Als ze hier binnen stapt, pakt ze Miguel bij de arm en loopt met hem mee rond de tafel. Zij stapt dan echt zijn wereld binnen. Elk weekend staat ze hier met haar zoontje. Saskia heeft geen enkel probleem met haar vader. Maar erover praten kan en wil ze niet.'

Wat verwacht jij van de toekomst?
'Sinds ik zwaar ziek ben geweest, heb ik zo'n vreemd verlangen. Ik zou willen dat er eindelijk ook eens iemand voor mij zorgt. Toen ik ziek was, projecteerde ik dat verlangen helemaal op Saskia. Ik wilde door haar geholpen worden. Ik zie haar wel vaak, maar die boot houdt ze af. Zij geeft heel duidelijk haar eigen grenzen aan: tot daar, en niet verder.
O, de dag dat Miguel ooit sterft! Voor mij zal dat niet zo erg zijn. Ik ben nu toch al een halve weduwe en dan zal ik eindelijk een hoofdstuk kunnen afsluiten. Maar mijn kinderen! Met hen sta ik dan voor een loodzware taak. Want voor hen is hij nog altijd hun papa.'

Zou je voor hem gekozen hebben als je vanaf het begin geweten had dat hij autisme had?

'Nee. Met wat ik nu weet, is het antwoord daarop kortweg nee. Voor een kind kies je en je aanvaardt het zoals het is, ook als het autisme heeft. Ik ben trots op wat ik allemaal in mijn leven heb bereikt. Met weinig financiële middelen, maar met veel inspanningen. Hoeveel cakes heb ik niet gebakken voor de vereniging en de instelling? Maar ik ben er niet trots op dat ik een man met autisme heb. Ik had er liever nog een autistisch kind bij gehad, in plaats van een autistische echtgenoot. Maar ik kan niet zonder hem. Hoe vaak heb ik me daar al niet om verwenst.'

'Medelijden is geen basis'

Griet (43) is vijftien jaar getrouwd met Dirk, die chirurg is. Ze komt vermoeid naar dit gesprek: de scheiding is net ingezet. Ze draagt de zorg voor drie pubers op haar schouders, maar heeft geen inkomen. En ze weet nog altijd niet wat er mis is met haar man. Mee op zijn verzoek is ze driftig op zoek naar een oplossing voor heel wat communicatie- en relatieproblemen. 'Mijn man zegt al jaren dat hij speciaal is. Hij is een paar keren erg depressief geweest. De diagnose luchtte hem op. "Ha", zei hij, "eindelijk weet ik wat er me scheelt"!'

Hun jongste zoon, Simon, is erg moeilijk opvoedbaar. 'Hij vertoont ernstige gedragsproblemen, kan niets uitvoeren zonder mijn hulp en hoewel hij intelligent is, zakt hij steeds voor zijn examens. Zelfs zich wassen en aankleden heeft hij lang niet alleen gekund. De kinderpsycholoog opperde voorzichtig dat het wel eens om Asperger kon gaan, of autisme bij hoogbegaafden. Die wereld was ons vreemd en daarom gingen we op zoek naar documentatie. Toen Dirk van een voordracht over Asperger terugkwam, was hij naar eigen zeggen drie dagen van de kaart. "Dat heb ik ook", was zijn reactie.'

Twee jaar wonen ze nu apart. 'Ik moest er wel een streep onder trekken. Ik was een burnout nabij. Ikzelf ben verscheidene keren naar een psychiater gestapt om te vragen of de schuld niet bij mij te vinden was. Het antwoord was telkens hetzelfde: "Dit kan en moet je niet blijven slikken." Toch was het geen gemakkelijke beslissing. Ik heb mijn man gemaakt en als ik hem laat vallen, is het met hem gedaan.'

Je zoekt al vele jaren naar een antwoord op je vragen.

'Dertien jaar lang heb ik moeten horen dat ik als moeder te veeleisend was en dat Simon rotverwend was. Met de andere twee kinderen ging het wel goed en die kregen toch dezelfde opvoeding? Ze vonden dat Simon op de beroepsschool thuishoorde, maar ik wist zeker van niet: hij kan niks met zijn handen. Motorisch presteert hij niets. Acht jaar lang heeft Simon op allerlei wachtlijsten gestaan. Tot eindelijk die diagnose werd gesteld.

Ik heb me ook erg herkend in een voordracht die de Vlaamse partnergroep onlangs organiseerde. Een vrouw vertelde er over haar huwelijk met een hoogintelligente man met autisme. Dat was "mijn" verhaal.

Dirk leeft in een andere wereld. Hij heeft zijn eigen verhaal, zijn eigen beleving van de feiten. En hij liegt niet, hoor. Maar zijn normen zijn zo anders. Om maar één voorbeeld te geven: ik vind het zoals de meeste mensen belangrijk om op tijd te komen. Mijn man komt per definitie overal te laat. Het is bijna een ritueel geworden.'

Hoe erg is dat? Hoeveel komt hij te laat?

'Hoe erg is het wanneer je meer dan een uur te laat komt op de afspraak voor je eigen trouwpartij? De mis was gepland om drie uur. We spraken af om halftwee voor een glas en een hapje. Om kwart voor drie was hij er nog niet. Toen hij eindelijk aanbelde, was hij het bruidsboeket vergeten. "O, moest ik dat meebrengen?"

Of bij de première van een balletoptreden van onze dochter. We woonden toen al apart. Maanden tevoren hadden we de datum geprikt: je zorgt toch dat je er bent? De voorstelling was al lang bezig toen hij arriveerde. Moederziel alleen stond ik daar buiten op hem te wachten! In de zaal viel hij meteen

in slaap en begon te snurken. En waarom zou ik mij daar druk over maken? Dat heeft toch niets met mij te maken?
Ik kwam op een punt dat ik mij niet langer wilde laten kwetsen. Het ging om een veelvoud van kleine dingen. Het voelde alsof ik de hele dag door muggen werd bestookt. Het enige wat ik nog wou, was een goede klamboe om mij heen en een beetje rust. Vijftien jaar huwelijk met een man voor wie ik alles moest regelen en die meer aandacht vroeg dan mijn drie kinderen samen, had de spanning ten top gedreven.'

Hoe is hij in zijn beroep?
'Hij doet het prima, echt waar. Hoe meer hij zich specialiseert, hoe beter hij wordt. Collega's stellen zijn vakmanschap op prijs. Hij zit altijd met zijn neus in de boeken. Maar daarbuiten is er niets. Geen ontspanning, geen reisje, geen cultuur. Allemaal zaken waartoe ik hem telkens weer moest overhalen, omdat ik het wel nodig vond om mijn horizon te verruimen. Nooit kwam het initiatief van hem. Onze relatie is nochtans begonnen met een uitstapje naar de bioscoop. Een romantische film, waar hij duidelijk geen raad mee wist. Na amper vijf minuten liep hij naar buiten. En ik liep achter hem aan.'

En toch viel je voor zijn charmes...
'Dat is een lang verhaal. Ik was het brave burgermeisje met veel hobby's en veel buitenschoolse activiteiten. Ikzelf wilde ook arts worden, maar ben gezakt in de tweede kandidatuur. Dan maar verpleging. Samen met mijn zus belandde ik in een studentenhuis waar verscheidene jongens uit onze buurt woonden. Onder anderen, ook de broer van een vriendin en een vriend van hem. Ik weet nog dat ik tegen mijn ouders zei: "Geen zorgen, die *rare* kijkt niet naar de meisjes." Dat was Dirk. Heel bedeesd was hij. Ik moet mij een reddende engel

hebben gevoeld of zo. Ik weet het niet meer precies. De aandacht die hij me schonk, vond ik wel fijn. In die tijd gingen de ouders van Dirk uit elkaar. Dirk werd eruit gebonjourd: hij woonde in het weekend op een kamertje boven een café. Wat had ik een medelijden met hem! Ik wou al die misère goedmaken. Onze relatie móest lukken. Maar een half jaar later maakte hij het uit omdat hij zich niet kon aanpassen aan de stijl van mijn familie: 's zondags uren gezellig aan tafel zitten en bijkletsen.
Mijn liefdesverdriet was niet te stelpen. Ik deed heel hard mijn best om die relatie weer aan te knopen. Zoiets had hij nog nooit meegemaakt. En dat patroon is in de loop der jaren een systeem geworden: hij staat als het ware bovenaan de trap en steekt zijn hand uit naar mij. Wanneer ik bijna boven ben, geeft hij mij een duw. Ik ben nog nooit tot bij hem geraakt.'

Wie van jullie wilde trouwen?
'Wij allebei. Dirk zei: "Jij hebt je hele leven gezien hoe het moet en ik heb mijn hele leven gezien hoe het niet moet. Laten we er samen maar aan beginnen!" Ik regelde alles, van de uitnodigingen tot de huwelijkslijst en de bedankjes toe. Dirk vond dat best. Die hele poespas was niet aan hem besteed.
Een jaar tevoren had hij de studie willen opgeven. Hij dacht erover het café over te nemen. Ik heb hemel en aarde moeten bewegen om hem tot andere gedachten te brengen. We zijn getrouwd op de dag na zijn eindexamen: hij kon maar beter geslaagd zijn! Nu zegt hij soms: "Jij hebt mij gemaakt, en als jij stop zegt, is het met mij afgelopen."
Vanaf het begin doken er problemen op. Natuurlijk moest hij hard werken in de ziekenhuizen waar hij zijn specialisatieopleiding kreeg. Thuis lag hij de godganse dag op de bank. Altijd moe! Zelfs wanneer ik op het toilet zat, wilde hij niet

overeind komen om de telefoon op te nemen. De kinderen, die toen nog erg klein waren, moesten stil zijn om hun altijd slapende papa niet te storen. Regel dat maar eens met drie peuters en hun vriendjes! Of het hele huis moest worden verduisterd, omdat er weer een migraineaanval kwam aanzetten. Wanneer ik hem dan 's avonds vroeg om mee naar bed te gaan, zei hij dat slapen echt tijdverlies was en er nog zoveel werk te doen was. Hij slaagde er maar niet in om een gezond ritme op te bouwen.'

Jij was de bezige bij in de relatie?

'Ja, en ik was er nog trots op ook, omdat ik mij daarin kon waarmaken. Alles liet hij aan mij over: het huis, de kinderen, de vrienden. Lange tijd heb ik wel gehoopt dat hij een stukje van het huishoudelijke werk van me zou overnemen. Zelfs de aanrecht schoonmaken krijgt hij niet voor mekaar: met welke doek moet dat?!

Vrienden probeerden het altijd te relativeren: Griet, hij werkt wel de hele dag en hij heeft het zo razend druk! Dat is het beeld dat hij heeft opgebouwd voor de buitenwereld. Ze denken allemaal dat hij zich te pletter werkt, voor zijn gezin. Omdat hij altijd uren na mij aankomt bij vrienden als we hebben afgesproken, of bij andere sociale gelegenheden. Maar ik weet hoe vaak hij overdag dag weer naar huis komt omdat hij iets vergeten heeft. Voor een velletje papier zou hij een half uur in de file staan! Hij morst gewoon met zijn tijd en energie. Als ik niet alles twee keer nakeek en de route uitstippelde, zou hij in Amsterdam arriveren terwijl het congres in Londen plaatshad.'

Is geld een probleem geweest in jullie huwelijk?

'Hoe vreemd het ook mag klinken, het is *altijd* een probleem geweest. Voor mij is dat een van de hoofdredenen geweest

om bij hem weg te gaan. Zoals hij druk bezig is, zou je denken dat hij goud verdient. Maar Dirk verdient wat hij uitgeeft en naar de rest heb ik het raden. Voor alle kosten was er geld, maar nooit was er over. Wij konden bijvoorbeeld niet op reis.
Vele jaren ben ik bijgesprongen met het spaarpotje dat ik had overgehouden aan de jaren dat ik al werkte, toen hij nog studeerde. Logisch, want die studie duurde lang. Daarna kreeg ik elke week een paar duizend frank om het hele huishouden te bekostigen. Daar betaalde ik alles mee: eten en kleding voor de kinderen, beddengoed, cadeautjes, schoolgerei. Gaandeweg ben ik mij gaan toeleggen op de restauratie van oude meubeltjes. Ik werd een eersteklas doe-het-zelver en knapte al eens een karwei op voor anderen. Daar verdiende ik dan weer een extra cent mee. Hij had er geen notie van wat een huishouden met zich meebrengt. Jaar na jaar werd zijn inkomen aangepast aan onze kosten, en niet omgekeerd. Altijd weer een nuloperatie, ook nu nog.'

Welke hindernissen vond je nog onoverkomelijk?
'Waar zal ik beginnen? *(lacht)* Hij nam het nooit zo nauw met regels en wetten. Ik vreesde dat hij in de criminaliteit zou verzeilen. Als student kwam hij geregeld in aanvaring met de politie. Ook nu nog zie ik soms dingen die echt niet door de beugel kunnen. Maar daar weid ik liever niet over uit. En dan waren er de medicijnen tegen depressie die hij met grote hoeveelheden slikte. Die pillen doen hem zo vreselijk zweten en snurken, dat zelfs samen slapen er niet meer in zat. Ten slotte werd hij verliefd op een huppeltrees van negentien. Hij had haar vader kunnen zijn! Op zich misschien niet eens zo'n bedreiging voor ons huwelijk. Maar het sloeg snel om in een regelrechte obsessie die alles ging overheersen. Hij begreep

niet dat ik er wakker van lag. "Die verliefdheid heeft toch niets met jou te maken"?'

Hebben jullie geprobeerd om jullie huwelijk te redden?
'Eén keer gingen we op weekend naar zo'n prachtig hotelletje in Barcelona. Heel gezellig, heel ontspannen. Maar na afloop vertelde hij me heel simpel dat zijn gevoelens voor dat meisje nog niet over waren. Eerlijk, dat wel. Kwetsend eerlijk. Dirk kan onmogelijk doen alsof.
En therapie, meer dan eens. Bij de derde poging kwamen we bij een jonge seksuoloog terecht, die niet zoveel ervaring had. We kregen telkens huiswerk mee, maar niet één keer voerde Dirk de opdrachten uit. Of hij vond ze te stom, of hij had er geen tijd voor gehad. Elke keer kwam hij te laat op de afspraak. Na de zesde keer spreken we af dat we die week samen uit eten zullen gaan en dan naar de film. Ik zal je de details maar besparen: die hele avond viel in het water. Bij ons volgende bezoek vraagt de therapeut wanneer Dirk nu eindelijk eens tijd zal vrijmaken voor mij. Kan hij niet beloven, zegt hij, veel te drukke job. Maar de volgende dag vertelt hij in het ziekenhuis dat wij apart wonen en dat hij "er alles aan zou doen om het weer goed te maken". Hij méént dat, hoor. Maar hij kan het niet waarmaken. In de ogen van buitenstaanders ben ik een feeks en vrienden vinden dat ik wat meer water in de wijn moet doen.'

Hoe leeft hij nu? Redt hij het een beetje in zijn eentje?
'Dat zou je aan hem moeten vragen. Hij woont en werkt zonder structuur en zonder grenzen en misschien is hij zo best gelukkig. Zijn ouders en zijn zus nemen nu een deel van de zorgen over. Maar ook zij hebben het er moeilijk mee. Partners en ex-partners torsen ongezien een enorme last en dat is

niet vol te houden. Op de een of andere manier zou er voor mensen als Dirk meer hulp moeten zijn. Een begeleider bijvoorbeeld, zoals ook kinderen met autisme die krijgen. Bij een volwassene is het delicater: wat doe je als de betrokkene er niet zelf om vraagt?'

Waarom wil je zo graag een etiket plakken op wat hij heeft?
'Mijn man heeft vaak gezegd: "Simon en ik zijn anders." Uiteindelijk voelt hij zijn hele leven al dat er iets schort. Ik dacht dat het kwam doordat hij niet uit een warm nest komt. Misschien zou ik veel zaken beter begrijpen wanneer ik eens in zijn wereld kon kijken en wanneer de dingen een naam kregen. Vergeet niet dat ik verpleegster ben. Ik heb geleerd om mij in te leven in het leed van patiënten en hen er weer bovenop te helpen. Dat geeft mij een goed gevoel. Als het dan niet lukt bij iemand die je dierbaar is, is de frustratie dubbel zo groot.
Ik merk nu ook dat medelijden geen goede basis is voor een relatie. Als kind heeft hij zijn ouders horen zeggen dat hij de oorzaak was van hun misère. Hij leed daaronder, en ik was de balsem voor die pijn. Je kunt daar als partner zo ver in gaan, dat je wonden bij jezelf slaat. De voorbije zes jaar heb ik elke dag gehuild. Ik, die van nature zo opgewekt ben! Niet een keer heeft hij mij getroost of een arm om mij heen geslagen. "Sorry", heb ik hem nog nooit horen zeggen. Dirk staat nooit stil bij zijn eigen aandeel. 't Is altijd de schuld van een ander. Droevig is dat ik er mij van bewust ben dat hij niet anders kán.
Ik blijf die ontgoochelingen en mislukkingen met mij mee slepen. Wanneer andere paren scheiden, kunnen ze elk op zoek gaan naar wat nieuw geluk. Zo werkt het bij ons niet. Bij ons lijkt het meer op euthanasie. Ik duw hem de dieperik in. Ik kan nu alleen maar hopen dat hij er op eigen kracht weer uit geraakt.'

Wanneer een diagnose?

Een diagnose van autisme stellen bij volwassenen is geen sinecure. Niet alleen omdat dit moeilijker is dan bij een kind, maar ook omdat er weinig expertise is in de volwassen psychiatrie. Autisme is blijven steken bij de kinderpsychiaters, als een kinderprobleem. En dus heeft het ene Vlaamse centrum dat zich op volwassenen toelegt, een lange wachtlijst, net als die enkele Nederlandse Riaggs en universitaire centra die het probleem wel onderkennen. Voor de rest is het huilen met de pet op. De Vlaamse ouder- en familievereniging probeert daar iets aan te doen. Ze lobbyt er bij de overheid voor opdat er teams worden erkend, die autisme op elke leeftijd kunnen vaststellen. Daartoe zouden de kinderpsychiaters en hun confraters voor volwassenen de handen in elkaar moeten slaan.

Tot zo lang hebben meer partners een vermoeden van autisme bij hun man of vrouw dan een bevestiging. Vele zijn ook onzeker over het nut van een diagnose: 'Brengt zo'n label geen schade toe?' Waarom zou je moeilijkheden zoeken, als er geen voordeel bij te halen is?

Cis Schiltmans van de partnergroep denkt dat, in de huidige omstandigheden, nogal wat normaal begaafde volwassenen met autisme niet echt gebaat zijn bij een diagnose.

'Doordat autisme onder meer leidt tot een extremere vorm van "normaal" menselijk gedrag (weerstand tegen veranderingen, angst voor het onbekende, reactie op stress, enzovoort) stelt zich de vraag wanneer het anderszijn en anders

denken effectief een hinderpaal betekent in hun werk- of persoonlijke relaties. Is het voor iedereen een handicap? Sommigen worden zo goed omringd, niet in de laatste plaats door hun partner, dat hulp een soms moeizaam verworven evenwicht kan verstoren. En als baas van je eigen bedrijf hoeft het geen punt te zijn dat je niet goed kan liegen en moeite hebt om te doen-alsof, maar als werknemer...'
Samengevat: 'Er is geen eenduidig antwoord voor dit complex probleem. Een diagnose is zonder twijfel belangrijk opdat partners het anderszijn beter in hun leven kunnen inpassen. En idealiter zou een diagnose ook bescherming moeten bieden. Maar dat ideaal is nog veraf.'
Volgens professor Herbert Roeyers is het hopelijk slechts een kwestie van tijd voor het probleem van de volwassenen zonder diagnose uitdooft. De mazen worden steeds fijner: het moet mogelijk zijn dat álle kinderen met autisme het label al op jonge leeftijd krijgen. Cis betwijfelt dat. 'Er zullen altijd mensen overblijven die eraan ontsnappen. Omdat ze het redden in hun eentje. Ondanks de moeilijkheden die ze ervaren, op school, op hun werk of in hun relatie. Misschien is het voor die mensen dan ook niet écht een handicap.

Na het boek van de Zweedse Gunilla Gerland over haar autistische jeugd werden de gespecialiseerde centra overspoeld met mensen die zich in dat verhaal hadden herkend. Hetzelfde gebeurde na het verschijnen van het boek *Brein bedriegt* van de pedagoog Peter Vermeulen, waarin het autisme van hoogbegaafde kinderen beschreven wordt. 'Ze hebben mij sindsdien in die centra al vaak verwenst', zegt Vermeulen. 'Want de helft van de mensen die zich of hun kind met dat boekje onder de arm daar meldden, bleken niets met autisme te maken te hebben.' Maar de andere helft dus wel.

Toch wijst Vermeulen erop dat zelfdiagnoses kritisch bekeken moeten worden. 'Je kunt een vermoedelijke autist wel een paar vragen stellen. Afgaan op zijn eigen oordeel volstaat niet. Je hebt de verhalen van een ander nodig om er zeker van te zijn. Alleen de herinnering van ouders, of broers en zussen, is echt betrouwbaar.' Als die er niet meer zijn, kan de diagnose enkel worden gesteld na uitsluiting van alle andere mogelijkheden. 'Dan noemt men het meestal PDD-NOS, wat in het Nederlands staat voor "pervasieve ontwikkelingsstoornis niet anders omschreven".'

Vanwaar die onduidelijkheid? Ten eerste omdat er geen duidelijke tests bestaan. Want geen enkel gedrag is exclusief voor personen met autisme. 'Je kunt niet nagaan of de wijze waarop wij of zij de wereld zien, normaal is. Er bestaan wel wat tests, maar er zijn geen onwrikbare, duidelijke normen voor. Niet zoals voor pakweg verstandelijk gehandicapten. Daar heeft men de grens bij een IQ van 70 gelegd. Zo'n grens bestaat niet voor autisme', zegt Vermeulen.

Zelfs wetenschappers zijn het er niet over eens of autisme echt afwijkend is, of daarentegen het uiteinde van een curve vormt. Kwellende vraag: heeft niet iedereen – soms – een beetje autisme? 'Onder stress wel', zegt Vermeulen. 'Als mensen extreem of langdurig onder druk staan, vertonen ze allemaal autistisch gedrag. Dan kunnen ze niet meer delen, houden ze vast aan routines, krijgen ze problemen met communicatie en vertonen ze zelfs stereotiep gedrag. Hoe meer stress, hoe autistischer.'

Bovendien is er een opvallende gelijkenis met bepaalde psychische stoornissen. 'Met name depressieve en schizofrene mensen kunnen zich even wereldvreemd en bizar gedragen. Ze hebben evenveel moeite met het herkennen van mensen en met 'wederkerigheid' in hun sociale contacten. Door het

gebrek aan deskundigheid krijgen zulke mensen ook wel onterecht het label autisme opgeplakt.'
Autisme wordt dus zowel over- als onderschat. Daardoor wordt de onzekerheid groter. Vermeulen wijst erop dat er volgens de statistieken in Vlaanderen ongeveer 15.000 mensen met autisme moeten zijn. 'Hooguit 5.000 van hen hebben een diagnose.'
Toch waarschuwt hij voor het te gretig opplakken van labels. 'Een diagnose is nooit waardevrij. Wiens belang dient men: dat van de partner, die zich vragen stelt, of dat van de vermoedelijke autist? Wat heeft de een erbij te winnen, en hoeveel heeft de ander erbij te verliezen? En wat doe je als de bewuste persoon geen diagnose "wil"?' Vermeulen kent op zijn minst één jongvolwassene die thuis wegliep nadat hij ontdekt had dat zijn moeder hem elders als 'autist' bestempelde.
Hij concludeert daaruit dat je het verdict beter niet rondbazuint als de persoon in kwestie het daar niet mee eens is. 'Jammer is dat labels zo vaak verkeerd geïnterpreteerd worden. Als "autisme" een handicap is, zo redeneert men, zal die mens ook wel niets kunnen! Daaraan moet nog hard worden gewerkt, in alle richtingen. Ook personen met autisme hebben baat bij een positieve aanpak, die hen bevestigt in wat ze juist heel goed kunnen.'

Internationaal onderzoek wijst uit dat een diagnose ook gevolgen kan hebben voor andere familieleden. 'Erfelijkheid speelt een grote rol', zegt de hoogleraar Herbert Roeyers. 'Als een lid van een eeneiige tweeling autisme heeft, heeft de ander het vaak ook. Bij twee-eiige tweelingen is dat niet zo. Hoe het allemaal precies in elkaar zit, weten we nog niet. Het onderzoek maakt alvast duidelijk dat het niet gaat om een enkelvoudig gen, maar om een aantal genen op minstens twee chromosomen, of een complexe manier van overerven.' 'Broers en zussen lopen dus een verhoogd risico op autisme. Of ze hebben dat niet, maar ze kunnen het misschien wel doorgeven aan hun eigen kinderen. Vaker dan autisme zien wij bij hen ook minder ernstige problemen, zoals leerstoornissen.' Dus moeten hulpverleners ook alert zijn op de situatie van broers en zussen? 'Zeker', zegt Roeyers. 'Niet alleen omdat zij met een ongewoon kind samenleven, maar ook omwille van henzelf.'

'Mijn takken schieten ook wortel'

Na jaren van bizarre crisismomenten, niet-ingeloste verwachtingen, een kortstondige uitbarsting van fysiek geweld en ten slotte een poging tot zelfdoding, kreeg de man van Hilde (40) het label 'autisme' opgeplakt. 'Die diagnose helpt mij. Niet om Steven te stigmatiseren of te veroordelen, maar om hem te kunnen begrijpen, zijn reacties te kunnen duiden en op tijd en stond aangepaste hulp te kunnen inroepen.' Toch blijft het een grote uitdaging, zegt ze. Banen lopen voor Steven nogal vaak faliekant af, hoewel hij op het theoretische vlak erg knap is met computers. Sociale contacten schuwt hij. Incidenten met de kinderen vragen om uitleg, die Hilde hen op dit moment nog niet echt kan of wil geven. 'Papa is anders. Dat weten ze wel. Maar onze zoon Lander is ook anders. En mama heeft af en toe ook wel eens een vreemde dag. Waarom zou dat niet gezegd mogen worden?'
Hilde vraagt met dit interview vooral om respect voor haar man en ook een beetje om begrip voor haar positie. 'Zelfs vrienden die mij zeer na zijn, stellen altijd diezelfde vraag: waarom ik toch bij hem blijf? Maar buiten mij heeft hij niemand. En een relatie moet toch niet een en al rozengeur zijn? Voor mij betekent een relatie een voortdurende zoektocht.'

Hoe komt het dat het zo lang heeft geduurd voor de diagnose werd gesteld?
'Verschrikkelijk, hé. Hij heeft een zelfmoordpoging moeten ondernemen voor men echt tot de kern van de zaak door-

drong. Een paar jaren eerder stonden we al voor de rechter, omdat hij mij eens een week lang had opgesloten en mishandeld. Ik heb toen zelf die hele procedure stopgezet, omdat ik geen heil zag in die bestraffende aanpak. Ook al was ik dan het "slachtoffer", ik vond dat het juridische systeem geen enkele poging ondernam om ons écht te helpen. Niet dat samenleven met Steven makkelijk is. De ene dag slaag ik er al beter in om een balans te vinden dan de andere.'

Wanneer doken de eerste problemen in jullie relatie op?
'Het was al volop crisis toen we elkaar leerden kennen! Ik had een studentenjob als hostess op een beurs waar hij als computerdeskundige werkte voor een bank. Omdat we in elkaars buurt woonden, konden we er samen heen rijden. Op de derde dag werden we aangereden door een dronken chauffeur. Allebei ernstig gewond. In het revalidatiecentrum leerden we elkaar pas echt kennen. Ik ben daar drie jaar gebleven, waarvan één jaar in een rolstoel. Hij zou er maar zes maanden blijven.
Steven zat diep in de put, omdat hij een litteken op zijn armen had. Ik had energie te over. Ik sleurde hem mee in de strijd die ik voerde tegen de betutteling in dat centrum. Je kent dat wel: ergo-toestanden waarbij je moet leren breien en zo. Dat was niets voor mij! Dossiers niet mogen inkijken: ik verzette me ertegen. Op de koop toe beslisten mijn ouders dat Steven "geen goeie jongen" voor mij was. Ze stelden mij voor de keuze, maar koppig als ik was, wou ik niet kiezen. Zo raakten mijn ouders op de achtergrond en raakte ik min of meer geïsoleerd. We hebben elkaar pas teruggezien na de geboorte van mijn oudste dochter.
Het was een samenloop van omstandigheden: mijn lichaam was geradbraakt, mijn leven lag overhoop, mijn studie had ik

opgegeven en maandenlang onderging ik zware therapieën. Elke ochtend tot huilens toe. Ik klampte mij vast aan het enige wat mij nog vertrouwd leek: die jongen die samen met mij in die ellende was beland.'

Zijn jullie snel getrouwd?
'Ja. Sommige verplegers knepen wel een oogje toe, maar eigenlijk mocht je niet op dezelfde kamer wanneer je niet getrouwd was. Dus werden er trouwplannen gesmeed. Zes maanden na onze kennismaking zijn we in het bootje gestapt. Mijn schoonmoeder had mij nochtans gewaarschuwd. Op een dag belde ze me en zei kortweg: "Steven is niet geschikt voor het huwelijk". Ik hechtte daar geen geloof aan. Ik vermoedde dat zij mij niet goed genoeg vond voor haar zoon. Hoewel hij zich toen al af en toe bizar gedroeg. Bijvoorbeeld op de dag dat hij naar huis mocht. Ik zie mij daar nog zitten in mijn rolstoel bij het raam. "Is het goed als ik je één keer in de maand kom bezoeken?" Want hij had veel werk! Ik huilen natuurlijk. Daar keek hij van op: "Ben je verkouden?" Hij snapte echt niet dat ik verdriet had. Pas nu kan ik zo'n reactie plaatsen. Pas nu zie ik wat er toen al was. Toen zag ik het niet.'

Dat was vlak voor jullie huwelijk?
'Juist. We hebben dat huwelijk toen zeer snel doorgezet, geholpen door enkele verpleegkundigen van het centrum. Zij waren onze getuigen. Zij hielpen ons ook een studio te vinden in de buurt van het revalidatiecentrum, waar Steven zou gaan wonen. En omdat hij geen tijd had om bij mij op bezoek te komen, zou ik dan elk weekend naar hem toe kunnen. Tweeëneenhalf jaar heb ik tussen het centrum en die studio gependeld. Het was er erg klein. Er stonden haast geen meubelen in, maar omdat ik nog in een rolstoel zat, kwam

dat mij wel goed uit. We gingen elk weekend uit eten. Kortom, we *kampeerden* daar zo'n beetje.
Na drie jaar kwam er ook voor mij een eind aan de revalidatie. We gingen in een grotere flat wonen, maar ik merkte snel dat het geen geschikte woonformule voor Steven was. Omgaan met die andere bewoners van het flatgebouw was te veel gevraagd. Hij ergerde zich aan alles en iedereen. Daarom zijn we ten slotte op de buiten gaan wonen. Het leek me de beste oplossing: weg uit die drukte! Overal waar je keek, zag je koeien. Vanaf toen zaten we echt in een isolement.'

Jij hebt je studie niet afgemaakt. Wel werk gevonden?
'Ik zat in mijn derde jaar geneeskunde toen het ongeval gebeurde. Daarna had ik er geen zin meer in: te veel dokters ineens gezien, en niet altijd van hun fraaiste kant. Tijdens mijn herstelperiode volgde ik een avondcursus informatica. Dat bleek me wonderwel te liggen en bovendien sloot het aan bij de interesses van Steven. Ik wou weten waarom die man, die mij zo boeide, zo geboeid was door computers.
Met dat getuigschrift op zak vond ik vrij snel een baan bij een bank. Maar ik ben daar niet lang gebleven, want ik vond het er nogal saai. Bovendien had Steven toen net een baan aangenomen als filiaalontwikkelaar bij een groot computerbedrijf. Daardoor kon hij dat jaar niet met vakantie. We hadden nochtans net voor het eerst een reis gepland. Maar goed, ik schikte me erin. En omdat ik wist dat hij vreselijk veel werk had, ging ik in mijn vrije weken met hem mee naar dat nieuwe bedrijfje. Ik ben er niet meer weggegaan. Ik slaagde er immers in om de boel daar snel georganiseerd te krijgen. Zo bleek ik de ideale aanvulling voor Steven, die zich op de theoretische kant van de zaak kon toeleggen. Daar is hij echt heel knap in.'

Hoe lang heb je zo met hem samengewerkt?
'Tamelijk lang. Maar niet altijd in hetzelfde bedrijf. Want het nadeel van zo'n symbiose is dat het probleem van de een meteen ook het probleem van de ander wordt. Ik raakte in *zijn* moeilijkheden verstrikt en ging dus ook altijd met hem mee wanneer hij weer eens naar een andere werkgever overstapte. Tot ik op een dag besloot dat het genoeg was. God weet hoe vaak hij al van werk is veranderd. Ik ben de tel kwijtgeraakt.'

Hoe komt dat? Wat gebeurt er telkens op zijn werk?
'Het loopt vaak stuk op de sociale contacten. Ik heb het eens aan een paar van zijn collega's gevraagd: hij reageert onvoorspelbaar. De ene keer is hij vriendelijk, de andere keer barst hij in woede uit vanwege een kleinigheidje. Het kan de lift zijn die te lang op zich liet wachten. Of hij reageert helemaal niet. Ik moet zeggen dat ikzelf dat gevoel vaak heb gehad in zijn buurt: alsof ik behangpapier was. Met klanten gedraagt hij zich net zo, dus met een baan waarin hij veel met anderen moet omgaan, loopt het gegarandeerd fout.
Pas vond hij weer een nieuwe baan, waar ik echt over in de wolken was. Een technische functie, hem op het lijf geschreven. Maar na een paar dagen zat het er alweer bovenarms op. Omdat ze hem niet de auto wilden geven die hij wilde hebben. Van zulke stomme dingen hangt het af! Steven vindt dat niet stom: voor hem zijn auto's heel belangrijk. Ze moeten groot en snel zijn met alles erop en eraan. Niet dat hij een duurdere auto vroeg dan zijn werkgever wilde betalen. Zijn keus stond gewoon niet op het lijstje waaruit hij mocht kiezen. Leg dat maar eens uit aan een werkgever, dat je man daarop blokkeert. Ook onze grote crisis is door zo'n autoincident uitgelokt.

Maar eerst moet ik je vertellen over onze oudste dochter, die gestorven is toen ze twee was. Want die pijn en dat verdriet hebben de andere moeilijkheden een tijdlang gecamoufleerd. Ik merkte heel snel dat er iets mis wat met Lotte. Maar de artsen geloofden me nooit. Ik was een overbezorgde mama. Altijd opnieuw werd ik gesust. Tot haar urine zwart zag als cola en ze met grote spoed werd opgenomen. Lotte heeft daarna maar een paar maanden meer geleefd. Een metabole aandoening, die haar ingewanden en haar hart had aangetast. Ze is gestorven tien dagen nadat ik van ons tweede kind was bevallen. Van de kraamafdeling naar intensive care: een groter contrast kun je je niet indenken.'

Had je toen steun aan Steven of stond je er alleen voor?
'Steven verdween als sneeuw voor de zon toen ik naar de kraamafdeling trok om te bevallen. Lotte was bij mijn moeder en niemand wist waar Steven was. Bleek achteraf dat hij gewoon thuis had gezeten, met de gordijnen dicht. Hij deed voor niemand open. Mijn moeder heeft mij met de twee kleintjes thuisgebracht. Een zomerdag. Ik zie nog Lottes oogjes plots helemaal wegdraaien. Paniek! Steven rijdt met haar naar het ziekenhuis, maar een half uur later staan ze daar allebei terug: hij vond de dokter niet. Dan maar met ons vieren erheen. Ze nemen mij samen met de twee meisjes op. Lotte krijgt een hartstilstand. Ze moet naar een groter ziekenhuis in een andere stad, zeggen de dokters. Ik met de baby mee! Het is een helse toestand. Ik heb het moeilijk, en ik begrijp maar al te goed dat Steven het er ook moeilijk mee heeft. Waarom zou je in zo'n situatie niet "vreemd" mogen reageren? Een week later is Lotte in dat grote ziekenhuis gestorven. We wensten geen grote begrafenis. Steven wou dat niet. De dag na haar crematie belde hij mij vanuit zijn auto: op weg naar het

vliegveld, want hij kon het hier niet meer aan. Waar naartoe? Naar Amerika! Hij had niet eens zijn werkgever gewaarschuwd. Ik zat daar in dat grote huis met mijn verdriet en mijn pasgeboren baby. Sommige mensen kwamen van ver om mij te "feliciteren" en een geboortecadeautje te overhandigen. En het moeilijkste was nog dat ze zeiden: hij laat jou in de steek!'

Je hebt ook een zoontje dat autisme heeft.
'Wij hebben drie kinderen, Lotte inbegrepen. Toen ik zwanger was van Lander reageerde Steven heel ontgoocheld. Hij wou alleen maar dochters, het liefst twee. Bij de geboorte was hij weer heel erg afwezig. Nu begrijp ik dat. Voor Steven is dat een nieuwe, onbekende situatie. Er komt iemand bij, en daar heeft hij het heel erg moeilijk mee.
Lander heeft dezelfde metabole aandoening als Lotte, maar niet in dezelfde mate. Wij weten niet hoe lang hij ermee zal kunnen leven. Vanaf zijn babytijd kreeg hij speciale zorg. Vanuit die hoek is na een paar jaar vastgesteld dat hij ook autisme had. Dat kon er bij mij eerst niet in. Ik weigerde het te geloven. Ja, ik zag zelf ook wel dat Lander soms vreemde reacties had. Maar ik vond dat "normaal" voor iemand die zo slecht in zijn vel zat als hij.'

Hoe reageerde Steven?
'Heel buitensporig. Hij ging erg veel drinken en kwam haast niet meer thuis. Op een nacht had hij een heel zwaar ongeval. Diezelfde nacht ben ik hem, samen met zijn moeder, op intensive care gaan bezoeken. "Nu zou hij beter doodgaan", zei zij. Zijn eigen moeder. Ik kon en kan dat nog altijd niet begrijpen.
Over zijn drankmisbruik hebben we sindsdien nog ettelijke discussies gehad. Vreselijk vond ik het. Hoe hij, die ooit door

een dronken chauffeur was aangereden, zelf door dronkenschap een ravage veroorzaakte. Nu begrijp ik dat hij die drank nodig heeft om de alledaagse stress de baas te blijven. En ik begrijp ook dat een auto *alles* voor hem betekent. Je mag die niet van hem afpakken.

Toch heb ik het ooit gedaan. Na dat ongeval kreeg hij van zijn werkgever geen nieuwe auto meer. Ik besloot er voor Steven een te leasen vanuit mijn eigen bedrijfje, dat ik na de geboorte van Lander was begonnen. Maar op één voorwaarde: dat hij nooit ofte nimmer dronken achter het stuur zou zitten, want dan zou ik het leasingcontract stopzetten. Op een dag gebeurde het toch en heb ik mijn dreigement uitgevoerd. Toen is de mishandeling begonnen.

Hij heeft me opgesloten. Een week lang. Alle deuren op slot en de telefoonlijn uitgeschakeld. Ik kon niet weg. Hij sloeg mij en deed me seksueel geweld aan. Ik werd pas gered toen mijn schoonmoeder ongerust werd en kwam kijken omdat ze ons niet kon bereiken. Een vriendin van mij, die advocate is, heeft mij toen geholpen. Nu ja, wat heet "helpen". Vanaf dat moment is het juridische steekspel begonnen. Steven werd uit het huis gezet. Er kwamen andere sloten op de deur en hij mocht niet meer in mijn buurt komen. Dat was de oplossing die deze maatschappij ons kon bieden! Een gevecht tussen advocaten. Terwijl mijn man juist verzorging nodig had!'

Je hebt die procedure zelf stopgezet en je bleef je man graag zien.

'Ik zie die mens graag, ja. Toen niet. Maar toen was hij bijna psychotisch. De rechter vertrouwde het zaakje niet: hij dacht dat ik de procedure afblies onder druk van Steven. En Steven maakte het ook almaar bonter. Op een keer kreeg hij twee uur lang toegang tot het huis om zijn kleren en spullen op te halen. Toen de deurwaarder het huis weer kwam afsluiten,

zag hij dat Steven alles kort en klein had geslagen. Toen stuurde hij mij weer grote ruikers bloemen, want hij had het niet zo bedoeld!
Rond die tijd kreeg ik van de thuisbegeleider van Lander te horen dat ze ook autisme bij Steven vermoedden. Ik stond perplex. Daar had ik nooit eerder aan gedacht. En ik *kon* het ook niet aanvaarden, op dat moment. Dat zou immers betekend hebben dat ik ook had moeten begrijpen wat mij was aangedaan. Ik was daar toen zeker nog niet rijp voor.'

Was hij al rijp voor die diagnose?
'Het is hem toen niet met zoveel woorden gezegd. Na onze crisis zijn we in relatietherapie gegaan. Daar is wel over anderszijn gesproken en over hoe moeilijk het soms is om dat anderszijn binnen een relatie een plaats te geven. Eén keer heeft hij gezegd dat hij dacht "net zoals Lander" te zijn. Dat was bij ons thuis, in de tuin. Hij zat op de schommel. Ik wist niet goed hoe ik daarop moest reageren. Bij de therapeut ontweek hij het weer.
Daar is het een tijdje bij gebleven. Tot het klikmoment van vorig jaar, dat opnieuw alles in beweging heeft gezet. Steven had de kinderen weggebracht naar vriendjes om te spelen. Ik vroeg hem of hij had afgesproken om hoe laat hij hen zou ophalen. Over Lander maak ik me nogal snel zorgen. Hij interpreteerde die bezorgdheid als een verwijt en besloot hen meteen terug te halen. Maar de ouders van die vriendjes waren met de hele bende op uitstap vertrokken. Steven heeft toen prompt de politie gebeld en gezegd dat zijn kinderen "verdwenen" waren. Het escaleerde van kwaad tot erger. 's Avonds ontstak hij vanwege het hele voorval in woede. Nu hadden wij met de therapeut afgesproken dat woedeaanvallen niet getolereerd zouden worden. Dan moest hij meteen

weer het huis uit. Achteraf gezien niet zo'n verstandige beslissing. Steven is diezelfde avond vertrokken. Twee, drie dagen hoorde ik niets. Op een vrijdagochtend kreeg ik per e-mail op mijn werk een afscheidsbrief. Op zijn typische manier gaf hij me alle passwords van alle computers en alle systemen. Hij schreef ook dat hij naar Lotte ging. De mail was op donderdagavond verstuurd. Ik wist dat ik het ergste mocht verwachten. Ik vond hem op bed, hij had slaappillen geslikt. Meteen per ambulance naar de spoedafdeling! En vandaar naar een psychiatrisch ziekenhuis. Daar heeft men stappen ondernomen om de diagnose te laten stellen. Zover moest het eerst komen.'

Helpt de diagnose hem?
'Ik zou dat niet durven zeggen. Als wij er met hem over praten, dat hij anders is, begrijpt hij toch niet wat wij bedoelen. De diagnose laat hem niet toe om jou te zien wanneer hij naar je kijkt. Hij ziet toch altijd zichzelf, zijn eigen spiegelbeeld.'

Zijn eigen belang en zijn eigen interesses gaan voor?
'Dat zijn waardeoordelen. Zo zie ik het niet. Het heeft echt met zijn manier van kijken te maken. Ik wil hem niet veranderen of verbeteren. Hij is hoe hij is. Ik noem het geen handicap, hoogstens een beperking. Hebben we niet allemaal een of andere beperking?
Ik zit met mezelf in de knoei over de vraag hoe je zoiets een waardige plaats kunt geven. Hoe doe je dat, zonder neerbuigend te zijn? Als ik Steven begrijp *vanuit* zijn autisme, plaats ik hem dan niet in een minderwaardige positie? Ik voel me daar niet altijd goed bij. Ik zou het eerlijker van me vinden, ook tegenover Steven, als ik de persoon als geheel zou mogen

beoordelen. Als ik bijvoorbeeld zou kunnen zeggen dat ik het niet met hem eens ben, en waarom niet. Maar zulke dingen snapt hij niet.
Ik vraag me vaak bezorgd af of Lander het ook niet zal snappen, later. Of maakt het verschil dat hij veel beter begeleid wordt vanaf zijn kindertijd? Steven is voor een stuk ook het resultaat van de ontgoochelingen die hij in zijn jeugd heeft opgelopen en de weerstand die hij daartegen ontwikkeld heeft. Hij heeft leren overleven. Als ik hem zou kunnen veranderen, zou hij misschien het gevoel krijgen dat zijn benen werden afgehakt!'

Zou hij het leven alleen aankunnen?
'Ik denk het niet. Als ik zou wegvallen, zou hij maar één oplossing zien. Zelfdoding. Het blijft een moeilijk onderwerp. In zijn afscheidsbrief stond namelijk ook dat ik niet mocht ingrijpen. Ik deed het toch en ik heb daardoor in de knoei gezeten. Maar ik was het aan mezelf verplicht. En ook aan hem: niet ingrijpen zou hebben betekend dat ik totaal geen respect voor hem had.
Schrijnend vind ik het, dat zelfdoding voor hem de enige uitweg is. En tegelijk begrijp ik nu waarom hij tegen mij soms zegt dat een "spuitje" de enige oplossing voor mijn misère is. Twee jaar geleden werd namelijk bij mij ook de metabole aandoening van Lotte en Lander ontdekt. Het is de enige oplossing die hij kan bedenken.'

Heeft hij je ooit wel eens gezegd dat hij van je houdt?
'Nee, nooit. Hij kan dat niet zeggen. Hij spreekt een andere taal. Maar ik weet wel dat hij mij graag mag. Ik heb het gemerkt aan zijn reactie op de ontdekking van de ziekte bij mij. Hij was verloren! Tot mijn verbazing heeft hij toen veel

gehuild. Zelfs bij de dood van Lotte heb ik hem dat niet zien doen. Troosten kan hij mij niet. En wanneer ik in het ziekenhuis lig, bezoekt hij me niet. Maar hij stuurt me wel e-mails met de adressen van allerlei medische zoek-engines. Dat is zo zijn manier om mij te helpen.
Zoals hij ook een andere taal had om mij te kwetsen. Ik ben er nu echt van overtuigd dat hij me niet bewust mishandelde. Hij bedoelde dat niet zo. Hij had alleen geen woorden om mij duidelijk te maken wat hem dwarszat. Maar het moet natuurlijk duidelijk zijn dat ik de taal die hij gebruikte, fysiek niet kan ondergaan.'

Is de seksualiteit in jullie relatie ook aan zo'n eigengereide taal gebonden?
'Tja, dat is in elk geval ook een aparte beleving. Toen onze relatie begon, zat ik nog tot aan mijn navel in het gips. Er waren wel veel strelingen en zo. Ik had net een warme relatie met een ander achter de rug. Die breuk had me veel verdriet gedaan. Waarschijnlijk heb ik toen besloten om mijn persoonlijk geluk niet langer te laten afhangen van anderen. Ook Lotte heeft dat nog eens bevestigd: ze was er, heel kort, heel warm. Nu is ze weg. Ze blijft me na, maar ik weet dat ik mijn geluk niet bij haar moet zoeken. Ik moet het in mezelf vinden. Dat is mijn manier.
Ik zie mezelf als een banyan-boom. Dat is een boom waarvan de takken de grond raken. Die schieten dan op hun beurt wortel. Die boom heeft vele manieren om zich te hechten. Ik ook. Wanneer ik het aan één kant wat moeilijk heb, sta ik nog stabiel aan de andere. Met bepaalde mensen voel ik een grote verbondenheid. Ik hecht veel waarde aan vriendschappen. Muziek speelt een grote rol in mijn leven. Zo zijn er honderd en één dingen. Het kan ook om een veld vol paaslelies gaan

waarbij ik even halt hou, of om een ekster die opvliegt boven een wei.'

Dat is een mooi, maar tamelijk ontwijkend antwoord op mijn vraag.
(lacht) 'Mannen en vrouwen beleven seksualiteit sowieso anders. Met Steven is het extremer. Er is geen gezamenlijk beleven. Er komt geen delen aan te pas. Wel is het voor Steven duidelijk een taal, waarmee hij iets probeert te zeggen. Iemand graag zien is hetzelfde als met iemand vrijen. Verder komt daar geen woordenschat bij te pas.
De relatietherapeut heeft wel eens voorgesteld dat we op basis van een kaartje zouden aangeven wanneer we wel en niet wilden vrijen. Om het voor Steven duidelijker te maken. Ik vond zo'n kaartje maar niets. Dat lijkt te veel op die schoolse auti-aanpak. Wij hebben een andere oplossing bedacht: wij drukken dat nu uit door ons hoofdkussen op een bepaalde manier te leggen.
Er zijn momenten dat het heel goed gaat tussen ons, en andere waarop onze relatie niet veel voorstelt. Ik denk dan altijd: het zal wel weer beter worden.'

Hoe is Steven eigenlijk als vader?
'Hij bedoelt het heel goed. Maar is het van de kinderen soms niet te veel gevraagd? Ze moeten soms veel begrip opbrengen, meer dan je van een kind zou mogen verwachten. Toen Joke tien was, wilde ze nog graag eens door papa naar bed gedragen worden. Het is haar manier om gedaan te krijgen dat hij haar eens stevig beetpakt. Want spontaan doet hij dat niet zo vaak. Maar hij wilde het niet doen: nee, nee, en nog eens nee. Ze moest niet zo zeuren! Joke was heel verdrietig. Ze snikte en ze huilde. Toen werd hij almaar bozer.

Wat moet ik dan doen? Ik wil dat ze hun papa respecteren. En ik weet ook dat dat fysieke contact voor Joke belangrijk is. 's Avonds hoorde ik van Steven dat hij gevallen was en rugpijn had. Dat verklaarde alles! Maar hij had het jammer genoeg niet aan Joke verteld. Dat heb ik de volgende dag dan maar gedaan. Dan had zij tenminste een verklaring.'

Krijg jij voldoende begrip voor je keuze om in dit huwelijk te blijven?
'Ik moet altijd dezelfde vraag beantwoorden: waarom blijf je toch? Hoe kun je hem nu toch zo graag zien? Mijn ouders kunnen het helemaal niet begrijpen. Die hebben gezien wat ik drie jaar geleden heb doorgemaakt en reageren natuurlijk vanuit hun bezorgdheid. Zij vinden dat ik al lang had moeten scheiden. Dat is heel kwetsend voor mij. Ze hebben geen respect voor mijn keuze en voor mijn leven. Dus moet ik zeker niet bij hen aankloppen wanneer ik wat extra steun nodig heb, dat is te veel gevraagd.
Ik kan het in wezen ook niet uitleggen. Kan iemand de kern van "houden van" uitleggen? Ieder beleeft dat op zijn manier. Wanneer ik de signalen van Steven interpreteer, lijkt het meestal of ik niets voor hem beteken. Dat blijft hard. Ik heb geen evenwichtige relatie, en soms wou ik hevig dat het anders was. Het is bijna een fysiek gevoel: ik houd een heel zware baby in mijn armen en die baby groeit niet op. Op de koop toe is hij soms nog stout ook! Maar hij blijft de vader van mijn kinderen en hij heeft een aparte kijk op de wereld, die soms verrast en soms zelfs verruimt. Zoals ook Lander mij plots nieuwe inzichten verschaft.
De enige oplossing die ik zie, is er te zijn wanneer hij mij nodig heeft. En ook als hij mij niet nodig heeft. Ik heb het graag als ik er mag zijn, bij hem. Dat lukt het best als ik met

hem meepraat over informatica en techniek. Daar raakt hij helemaal ontspannen van. Omdat hij dan echt het gevoel krijgt dat ik hem weer nader kom. *(stilte)*
Weet je, hier vanbinnen huil ik nu een beetje. Woorden schieten zozeer tekort. Alles wat ik zeg, staat zover af van wat ik echt voel. Nooit krijg ik het helemaal gezegd. Wellicht zal ook niemand het ooit helemaal begrijpen.'

‘Je vindt wat je zoekt’

Ook in Nederland bestaat een partnergroep autisme. Meestal vrouwen en een paar mannen die bijeenkomen om over het leven met hun partner met autisme te spreken. Agnes (38), die de partnergroep mee bijeenbracht en stuurt, droomt van een betere begeleiding voor volwassenen met autisme. Er zou overal in Nederland een soort inloopspreekuur moeten komen, vindt ze, waar ieder die wat over autisme wil weten, binnen kan stappen.

‘Iets met een lage drempel. Voor ouders, partners, vrienden, collega’s én voor mensen met autisme. En wijzelf zouden ook wel wat beter ondersteund mogen worden. Je kunt in een partner met autisme enorm veel zorg pompen. Voor sommigen is die zorg een reden van bestaan. Bij mij was het op zeker moment ziekelijk. Ik vind het zo belangrijk voor ons, partners: dat we eerst eens naar onszelf leren kijken. Het probleem ligt niet per se alléén maar bij die echtgenoot met autisme. Zo’n huwelijk kan een middel zijn voor een ander: je vindt wat je zoekt.’

Het overkwam haarzelf, vertelt Agnes. Ze is nu vijftien jaar getrouwd met Cor, die klinisch patholoog is, en ze hebben drie kinderen. Een van hen heeft een ‘aan autisme verwante stoornis’. Ze hebben een zekere harmonie bereikt in hun gezin, al ging het vaak over hobbelige wegen.

Heeft je man een diagnose van autisme?

‘Onze zoon heeft er een. Dat is nu drie jaar geleden. Het verdict viel in de kamer van de psychiater, en ik zei meteen:

“Als hij het heeft, dan jij ook.” Iedereen in die kamer viel stil. Niemand had verwacht dat ik zoiets zou zeggen. Voor mij was het anders makkelijk. Cor heeft jarenlang zelf gezegd dat onze zoon “niet anders” was: “Hij lijkt gewoon op mij”.’

En je man accepteerde dat?
‘Dat eerste jaar speelde er zich een gevecht tussen ons af. Hij werd elke keer agressief wanneer ik hem erop wees. Na een jaar of twee kwam er een omschakeling. Plots begon hij verhalen uit zijn jeugd op te dissen. Dingen die hij niet had gekund, waar hij moeite mee had gehad. Tot vervelens toe heb ik die moeten aanhoren.
Het derde jaar was ik aan de beurt. Ik begon inzicht te krijgen in mijzelf, hoe ik in dit huwelijk beland was en wat ik ervan verwacht. Mijn man heeft mij daarbij ontzettend gesteund. Hij bekijkt de situatie vanuit een andere hoek. Als ik worstel, vertelt hij mij hoe hij er jarenlang in zijn eentje mee heeft geworsteld.’

Hoe ben jij dan wel in dit huwelijk beland?
‘De verklaring is te vinden in mijn jeugd, bij mijn ouders en mezelf. Ik heb weinig vrijheid gekend thuis. Ik mocht niet zijn wie ik was. Ik was zeer gewenst, maar ik heb niet de liefde gekregen die ik wilde hebben. Ik kreeg de liefde die mijn ouders mij wilden geven. Daarom heb ik ook een partner gekozen van wie ik weinig terugkrijg. Die zekerheid heb ik. Ik heb het gevoel niet gehoord te worden. Toen niet, en nu niet. Dat is wel hard, als je daar na vijftien jaar huwelijk achter komt. Het is een stramien waar ik niet doorheen kan breken, en dat komt door hoe ikzelf ben.’

Of misschien kun je het niet vanwege hem, door zijn autisme?
'Het grootste probleem van Cor is zijn gebrek aan invoelend vermogen. Er is geen wederkerigheid. Hij begrijpt me niet wanneer ik hem over mijn gevoelens vertel. Gevoelens in het algemeen begrijpt hij niet goed. Zo hadden we een tijdlang gedonder met de school van onze oudste. Ik voelde dat het niet goed liep. Maar zolang dat niet op papier staat, is dat voor Cor niet aantoonbaar en *dus* niet waar. Het is alleen maar "gezeur" van mij. Jarenlang heb ik gedacht: hij is zo gesloten omdat hij van het platteland is. Anderzijds heb ik de voorbije drie jaar een nieuw soort wederkerigheid ervaren. Wanneer ik over mijn jeugd vertel, haalt hij ook herinneringen uit zijn jonge jaren op. Hoe hij de wereld ervaren heeft. Het is niet helemaal hetzelfde als de klassieke wederkerigheid, maar het is toch iets.
Bij mijn vorige verjaardag, die ik liever niet wilde vieren omdat dat altijd zo'n gedoe is, vroeg Cor mij of ik ook niet wilde vieren "onder ons". Kijk, daar werd ik helemaal emotioneel van. Iemand hield rekening met mij! Dat vond ik zelfs hartstikke eng, want dat ken ik niet. Mijn ouders hebben altijd verjaardagspartijtjes georganiseerd zoals zij ze graag wilden.'

Terwijl van personen met autisme gezegd wordt dat ze zich zo slecht kunnen inleven!
'Cor heeft veel bijzondere manieren ontwikkeld om probleemsituaties op te lossen. Onlangs gingen we samen naar een feest van een tante van mij. Niet echt iets wat Cor leuk vindt. Ik zei nog: we hoeven er niet heen. Maar Cor en ik gingen toch. Op zeker ogenblik vraagt mijn schoonzus: "Cor, waarom zet je toch je bril steeds op en af?" "Als ik geen zin heb in die drukte, dan zet ik hem af." Ik wist gelijk: dát is autisme. Minder prikkels. Want dan ziet hij niet zo scherp. Ik

vind het heel knap, hoe hij zoiets doet. Misschien irriteert het mijn schoonzus wel, maar Cor loopt tenminste niet weg. Hij komt ook nooit ergens te laat. Of toch niet echt veel. Ofwel komt hij veel te vroeg, als eerste. Dan ziet hij iedereen binnenkomen. Of net te laat: niemand komt nog na hem. Zo kan hij in één oogopslag zien wie er is. Dat is een strategie die hij ook onze zoon heeft aangeleerd: als je achteraan in de klas gaat zitten, houd je overzicht.'

Je man is arts, een beroep met status. Is hij goed in zijn vak?
'Heel goed. Hij werkt met weefsels in een laboratorium. Hij vindt het fijn om bij operaties aanwezig te zijn en te zeggen: dát stuk van die tumor wil ik hebben. Voor onderzoek. Hij voelt aan die weefsels, pakt die beet en drukt erop zonder ze kapot te duwen. Hij gaat daar heel voorzichtig mee om. Geen uitslag gaat het lab uit voor hij gewikt en gewogen is. En hij krijgt ook consulten van buitenaf: omdat ze zijn werk zo op prijs stellen. Als andere uitslagen tegenstrijdig zijn, is het vaak de zijne die de doorslag geeft. Dat vind ik zo knap van hem.'

Hij komt niet veel met patiënten in contact. Denk je dat hij dat zo geregeld heeft?
'Wellicht wel. Nu moet ik zeggen dat hij wel eens met ouders praat wier kind aan wiegendood is gestorven. Ik vind dat hij die gesprekken heel goed aanpakt. Die ouders zijn op zoek naar zo veel mogelijk informatie, en hij geeft die tot in de details. Met grote nuchterheid.
Hij weet natuurlijk ook wel dat die mensen verdriet hebben. Omdat hij dat bij mij gezien heeft. Wij hebben ook een kind verloren. Ik was 39 weken zwanger en voelde me niet goed. Ik verwachtte dat Cor zou beslissen wat er moest gebeuren. Maar hij zei: "Je moet niet zo zeuren." Toen ik uiteindelijk

besloot om naar de gynaecoloog te gaan, was het al te laat. Bij die dode baby heb ik hem voor het eerst en het laatst zien huilen. Toen dacht ik: hé, er zijn dus wel degelijk momenten dat hij er *is*, hier bij ons.

Lange tijd heb ik Cor de schuld gegeven. Zo werkt het natuurlijk ook niet. Ik moet leren mijn eigen verantwoordelijkheid te nemen. Toen ik mij tijdens die zwangerschap niet goed voelde, had ikzelf moeten beslissen om naar de specialist te gaan. Ik had niet zo op mijn man moeten steunen. Dat inzicht heeft me een zekere rijkdom gebracht, waar ik dankbaar voor ben.

Nu ga ik niet meer op zijn oordeel af. Als ons dochtertje valt en ik denk dat zij naar het ziekenhuis moet, bel ik Cor op en vraag hem een afspraak te regelen. Dat doet hij dan, meestal heel snel. Dan gaat hij er echt voor. Maar ik moet het niet aan hem overlaten om te beslissen.'

Die eerste tien jaren van je huwelijk zijn min of meer in een emotionele chaos verlopen?

'Ik heb tien jaar in het ongewisse geleefd. Ik twijfelde enorm aan mezelf, mijn relatie, mijn moederschap. Dat kwam niet door hem, maar het werd wel door zijn autisme benadrukt. Omdat ik niet op hem kon leunen. Terwijl hij toch een soort dominantie uitstraalt, waarvan je zou verwachten dat ze je kan leiden. Maar die dominantie is slechts oppervlakkig.

De schijnbare rust die hij uitstraalt, zijn rationale manier van met problemen om te gaan, stonden lijnrecht tegenover mijn emotionele benadering. Alles zit bij mij in mijn gevoel. Natuurlijk heeft dat tussen ons voor grote conflicten gezorgd. Maar nu zie ik het meer als een leerproces. Door hem leer ik mijn gevoelens op een rijtje te zetten. Geen chaos meer. Zodat ik nu zelfs denk: dat autisme is zo gek nog niet. In die zin kan ik toch tegen hem aanleunen. Maar niet op de klassieke manier.'

Veel partners van personen met autisme voelen zich gepakt en benadeeld omdat hun autistische partner hun grenzen niet ziet.

'O, maar ik heb ook eindeloos in de put gezeten, hoor. Ik wist niet wie ik was en wat ik wel en niet leuk vond. Ik was echt zo'n mens zonder grenzen. Mijn man en mijn zoon konden heel ver gaan. Ze slorpten me helemaal op. Geen minuut had ik nog voor mezelf. Tien jaar lang heb ik gedacht: ze gaan gewoon over me heen. Ik paste me grenzeloos aan hun verlangens aan. Nu weet ik dat ik grenzen moet stellen en dat zij dat ook accepteren.

Een ja is een ja en een nee blijft een nee. Ik ben van nature snel enthousiast en die nieuwe houding baarde me in het begin wel zorgen: zou ik op dat enthousiasme moeten inleveren? Maar ik weet dat ik lief ben en ik sta mezelf toe om lief te blijven. Wanneer ik grenzen stel, houd ik mezelf voor dat ik dat doe uit liefde.'

Nu gaat het wel goed met jullie?

'Hartstikke goed! Ik hou veel van Cor. Alleen al door naar hem te kijken, kan ik zoveel van hem leren. De afgelopen drie jaar hebben we respect voor elkaar gekregen. Hoe hij als mens staat in deze problematiek! Ik ben nog altijd blij dat hij de vader van onze kinderen is. We maken veel lol samen. Daar is natuurlijk voor een stuk autisme-humor bij, die ik niet snap. Cor maakt veel taalgrapjes met onze autistische zoon Kees. Bij hun radde dialogen staat de rest van ons gezin sprakeloos! Met gekke vertalingen alleen kunnen zij een hele avond vullen. Dat is echt fantastisch.'

Ik dacht dat zij niet zo goed waren in taal.
'Tja, hoe moet ik dat uitleggen? Ze zijn allebei geweldig in exacte vakken. Op het schoolse vlak scoren ze inderdaad minder goed voor taabeschouwing en begrijpend lezen, vakken waarbij meer nagedacht moet worden, en minder gereproduceerd. Tekstverklaring: het lukt ze wel, maar niet zo goed. Zij vinden een verhaal nooit spannend, hoogstens eng. Ze beleven spanning anders. Cor kan naar de vreselijkste films kijken zonder dat ze hem raken. Een deel van het verhaal gaat aan hem voorbij.'

Kun jij goed met je man praten?
'Wanneer ik echt iets met hem moet doorpraten, wacht ik het goede moment af. Dat is meestal na elf uur, als Cor in het ziekenhuis is. De belangrijke operaties zijn dan achter de rug en het overleg met de collega's ook. Dan zit hij even rustig op zijn kamer. Zo'n telefonische babbel is ideaal, omdat hij mijn gezicht niet ziet, mijn emotionele gelaatsuitdrukkingen. Hij krijgt maar één waarnemingskanaal te verwerken.
Ik moet dat niet te vaak doen. Zo één keer in de maand. We kunnen dan zeker een halfuurtje praten. Dertig minuten! Dat is heel veel. Thuis blijft zo'n gesprek hooguit drie tot vier minuten duren. Er is altijd wel iets anders dat hem afleidt: een van de kinderen, of de televisie. "Nee hoor", zegt hij dan, "nu even niet, nu ben ik met iets anders bezig." Het kost hem veel te veel moeite om te luisteren.'

Hoe verlopen jullie sociale contacten?
'Ik heb veel vriendinnen met wie ik geregeld op stap ga. Dat vindt Cor geen probleem, hij zorgt dan voor de kinderen. En bij ons thuis vraag ik mensen te eten. Dat is veel beter voor Cor dan op visite gaan. Want dan kan de aandacht naar het

eten gaan. Zo'n maaltijd is voor hem erg duidelijk: hij weet wat er verwacht wordt. Onder het eten kan hij ook een paar keer weglopen. We hebben afgesproken dat hij dan de kinderen naar bed brengt, zogezegd. Zij kunnen dat eigenlijk best alleen hoor. Of hij mag de hond uitlaten als het hem te veel wordt. Wanneer ik zie dat hij bijna in slaap valt – wat vaak gebeurt, te midden van een gezelschap – dan stel ik voor dat hij de hond uitlaat.

Zulke zaken waren eerst impliciet tussen ons. Nu zijn het expliciete afspraken. Ze geven Cor de kans om zich even terug te trekken. Wanneer we samen naar een feest gaan, hebben we bij het terugkeren altijd ruzie. Dat gaat meestal over hoe ik rijd op de weg. Ik wil absoluut niet dat hij rijdt, want hij heeft dan meestal gedronken. Achter het stuur van zijn auto kan ik niets goed doen. Op een dag heb ik besloten dat we voortaan altijd mijn auto nemen om uit te gaan. En weet je, waar het echt om gaat, is niet mijn rijgedrag. Hij kan die feestjes gewoon niet aan. En ik krijg dat ongenoegen op mijn bord. Nu zeg ik: "Of je gaat met mij mee, of je neemt een taxi, of je loopt. En je *zwijgt*." We weten immers allebei dat het niet door de auto komt en niet door de drank. Het is dat feest.

Problemen uitspitten tot de kern: mij helpt dat geweldig. Hij zegt bij voorbeeld ook dat ik niet goed kook. Maar daar gaat het eigenlijk niet om. Het gaat om die paprika of die uien die hij niet lekker vindt in zijn mond. Zoals onze zoon veel gerechten eerst niet wilde eten omdat ze niet lekker *voelden* in zijn mond. We hebben lange tijd alles tot een drabje gemixt. Cor vraagt daar ook nog wel eens om. Hij eet trouwens veel liever erwten en soep uit blik, dan vers. Die krijgt hij. Daar maal ik niet meer om. Dat is niet eens de moeite.'

Zijn er nog zintuigen die anders werken bij Cor?
'Ik zie Cor vaak aan dingen ruiken. Hij heeft een scherpe waarneming. Zoals hij voelt aan zijn weefsels in het ziekenhuis, zo voelt hij ook graag aan stoffen. Hij heeft een voorkeur voor bepaalde stoffen. Wanneer mensen hem complimenteren met zijn kledij, gaat hij daar bijna op een gênante wijze op in. Met uitleg over de stof, hoe ze voelt, waarom hij een ruitje koos en geen streep. Wij zouden het bij dat complimentje laten. Hij blijft daarover doorgaan. Dat is geobsedeerd gedrag. Wij zeggen nu: "Cor, ophouden!" We willen hem daartegen beschermen.'

Hij kan zich dus wel goed kleden?
'Ja, hij heeft smaak. Maar hij kiest altijd min of meer hetzelfde. Toen ik hem leerde kennen had hij leuke kleren aan: een ribfluwelen broek en een flanellen overhemd. De volgende dag net hetzelfde en de dag erna weer. Ik dacht dat hij zich nog altijd niet verschoond had. Tot bleek dat hij een hele kast vol met steeds dezelfde kleren had. Zo moest hij maar één keer kiezen en had hij nooit problemen met combinaties.
Hij was ook erg sportief. Toen autisme pas ter sprake kwam, zei hij: dat kan niet, want ik heb gevoetbald! Já, als keeper, helemaal alleen in het doel. Dat is geen groepswerk. Hij heeft ook veel schaatsmarathons afgelegd, tot in Finland toe. Voor ik hem leerde kennen had hij al zes keer meegedaan met de Elfstedentocht. Waw! En hij reisde op zijn eentje door Europa, met zijn motorfiets en een tentje achterop. Hij was echt wel aantrekkelijk.
En tegelijk kan hij boven zijn bord hangen als een varken boven zijn trog. Luide boeren laten en even luide winden. Dan zeg ik: Cor, we zitten wel te eten! "O ja", schrikt hij en gaat prompt weer rechtop zitten. Vroeger vond Cor dat ik

hem de hele tijd terechtwees. Dat doe ik nu minder vaak. Ik zeg niet meer: "ik wil dat je niet boert." Ik zeg: "niet aan deze tafel." Desnoods pakt hij zijn bord op en gaat hij elders eten.'

Dus toch een beetje autoritair?

'Tja. *(lacht)* Vorige week heb ik hem voor het eerst gezegd: ik vind jou *nu* een klootzak. Eerst schrok hij. Toen ging hij wel weer in op dat woordje "nu", zeker. "En wanneer is dat dan over?" Begon ik daar toch te lachen! "Als het over is!" "Jamaar, wanneer is dat dan?" "Als ik afgekoeld ben."

Zulke situaties leiden onbedoeld tot humor. Ook voor hem, al ziet hij erg goed dat het humor is die uit zijn autisme voortspruit. In Nederland hebben wij een populaire cabaretier van wie ík de diagnose heb gesteld. Ik zal zijn naam nu maar niet noemen. We trokken met het hele gezin naar de voorstelling. De hele zaal plat van het lachen! Wie niet? Die twee van ons, hé. Want alles wat de man op het podium zei, klonk hen vooral erg logisch in de oren. Ze passen goed samen, Cor en Kees. Vorig jaar zijn ze voor het eerst samen op vakantie gegaan. Leuk, want met het hele gezin lukt het ons toch niet.'

Waarom kunnen jullie niet samen met vakantie?

'Ik maak graag uitstapjes, maar we moeten Kees bezighouden. Cor is dominant en Kees kan niet naar twee stemmen tegelijk luisteren. En dan nog twee andere kinderen erbij: dat is om helemaal gek van te worden. In wat voor combinatie we ook uiteengaan, het werkt altijd. Het is ook goed voor Gijs, onze tweede zoon. Hij begon het probleemgedrag van Kees na te bootsen. Door hen uit elkaar te halen, helpen we ook Gijs om zichzelf terug te vinden.'

Je draagt geen trouwring, zie ik.

'Een jaar of vijf geleden heb ik hem teruggegeven. Nee, ik draag hem nog steeds niet opnieuw. Ik heb toen tegen Cor gezegd: "Wanneer jij vindt dat onze relatie weer zo waardevol is, mag je hem teruggegeven." Als ik hem daar nu naar vraag, antwoordt hij dat hij er iets speciaals van wil maken. Alleen, dat lukt hem nooit.

Ach, het maakt me niet zoveel uit. Maar het is wel exemplarisch. Hij heeft de opdracht begrepen, maar hij kan ze niet uitvoeren. Onze relatie is nu eigenlijk wel oké en Cor vindt dat ook. Hij zegt dat geregeld. Die trouwring doet er niet meer zo toe. Maar wat hij ermee aan moet? Nee, dat is voor hem te hoog gegrepen. Indien ik een weekendje zou organiseren, zou hij die ring daar bij het diner kunnen teruggeven. Maar zelf neemt hij het initiatief niet.'

Heeft hij bepaalde tics?

'Met zijn vingers trommelen. Met zijn voet tikken. Hij heeft dat zelf niet in de gaten. Aan één voet had hij altijd een kale plek op zijn schoen. Jaren heb ik naar een verklaring gezocht. Tot ik hem toevallig bezig zag in het lab: wanneer hij met zijn rechterhand zijn microscoop scherp stelt, beweegt hij ook met zijn rechtervoet.

En hij doet vaak "oefeningen voor het schaatsen": zijn armen wijdopen en rondjes draaien met zijn handen in de lucht. Op een dag hoorde ik op de radio het liedje "I Believe I Can Fly". Plots wist ik: het is een soort fladderen wat Cor doet. Hij weet dat weliswaar in bedwang te houden en heeft er een sociaal acceptabele verklaring voor. Hij houdt dat in toom.

Hij probeert ook krampachtig normaal te zijn. Daar heeft hij drank voor nodig. Niet overdag. Alleen 's avonds, thuis. Hij gaat daarin veel te ver naar mijn zin. Maar hijzelf vindt natuurlijk van niet. We hebben dat punt nu pas samen aangepakt. Cor vond dat ik te dik werd. Ik heb die twee aan elkaar gekoppeld: als jij mag drinken, mag ik eten. Dat vindt hij niet leuk.'

Vindt hij het vervelend wanneer je uiterlijk verandert?
'Ik ben voor hem niet meer die vrouw van vroeger, met een slank figuur en een strakke snit. Ik draag nu wijdere kleren en daardoor "weet hij niet meer wat hij aan mij heeft". Hij wil niet dat ik van haarsnit verander. Mijn haar moet lang blijven. Hij voelt er graag aan.
We hebben nu eindelijk een vorm van seksualiteit gevonden waar we ons redelijk in kunnen vinden. Cor heeft veel tijd nodig en hij houdt niet van zoenen. Een tongzoen vindt hij eng: daar komt vocht bij, griezelig! Lange tijd is er amper seks tussen ons geweest. Nu hebben we tot wederzijdse genoegdoening een oplossing gevonden. Door erover te praten. Ik mag hem niet kussen op zijn hoofd of in zijn hals. Elders wel. Hij doet hetzelfde bij mij. Ik vind dat wel jammer.
Als ik aan het begin van de avond tegen hem aanleun, voelt hij zich niet op zijn gemak: wat wil ze van mij? Hij wil het liefst vanaf het begin weten of het een knuffel is of de aanzet tot de daad. Tja, hoe gaat dat: soms groeit een knuffel wel eens uit tot een vrijpartij. Maar dan is de afspraak er niet en gaat het feest niet door. Of omgekeerd: ik val net in slaap. Maar de afspraak is er en dan moet het gebeuren.
Ik heb met mezelf een soort overeenkomst gesloten dat ik daar geen punt van maak. Ik zou deze relatie kunnen beëindigen op het tandpastadopje. Maar dat wil ik niet. Het incasseringsvermogen aan beide kanten is groot. Misschien moet Cor nog veel meer incasseren dan ik.'

Zijn jullie snel getrouwd? Wij horen dat in verhalen van andere vrouwen terugkomen: veel te rap de stap gezet.
'Wij hadden nog maar pas kennis met elkaar toen zijn vader ziek werd. Mijn man was toen 38 en ik 23. Zijn vader zei: "Als jullie het toch van plan zijn, zou ik graag zien dat je trouwt terwijl ik nog leef." Achteraf gezien had ik kunnen denken: hé?! Maar het kwam me wel uit. Ik wilde zo graag huisje, boompje, beestje. En hij, hij trouwde omdat iedereen dat doet.
Onze eerste vakantie samen viel tegen. Maar ach, zijn vader was net dood. Toen werd Kees geboren en weer liep het niet zo lekker. Maar dat "lag aan mij". Zo zijn we de excuses door gerold. Ik was niet de perfecte huisvrouw die hij in gedachten had. Ik zou daaraan gaan werken. Hij wilde dat ik thuisbleef. Want zijn moeder had een winkel en was er nooit voor hem. Later heb ik ingezien dat dat niet door de winkel kwam, maar veeleer door wie zij was. Ze was, geloof ik, zoals Cor.'

Heb je er nooit over gedacht om bij hem weg te gaan?
'Meer dan eens. Vooral na de dood van ons dochtertje. Praktisch gezien was ik echter totaal onvolwassen: waar moest ik naartoe? Waar zou ik geld vandaan halen? Waar moest ik wonen? Ik had er geen idee van. Hij dreigde dat hij me gek zou laten verklaren. Ik was als de dood dat ik de kinderen kwijt zou raken. Ik woonde en woon nog steeds in een mooi huis en ik krijg veel financiële ruimte. Ik dacht: als ik opstap, moet ik zelf uit werken en kan ik niet meer die mantelzorg geven die mijn zoon nodig heeft. Toen besloot ik dat het beter was om te blijven, hoe ook. Toen ons vierde kind, weer een dochtertje, naar school begon te gaan, is het echte verwerkingsproces begonnen. Nu gaat het gelukkig allemaal veel beter. Ik wil op deze weg verder gaan. Ik zie de mens achter het autisme.'

Ondanks de erge dingen die hij zei: dat hij de kinderen bij je zou weghalen?

'Ik weet dat toen al zijn zekerheden dreigden weg te vallen. Dat perspectief maakte hem helemaal *gek*. Dat doorzicht heb ik nu. Het is heel snel af te pellen tot de kern wanneer er een probleem opduikt. En als je daarin slaagt, ontdek je een pracht van een mens onder de oppervlakte.

Er zijn ook aspecten aan hem die typisch autistisch zijn, en waar ik van hou: zijn structuur, zijn ratio. Door hem ben ik een heel stuk zelfstandiger geworden. Anders was ik ook maar in het leven verzeild geraakt. Door hem heb ik mezelf gevonden. En hij is zo puur. Als ik hem zie lopen, herken ik van ver al zijn typische houding. Elke keer denk ik weer: "En toch zou ik opnieuw voor jou kiezen".'

Ik ben een beetje verbaasd dat jij hier zo positief zit te praten, terwijl jullie toch veel problemen hebben gehad. Waar heb je die kracht gevonden?

'Het autisme van Cor en Kees heeft me gedwongen om beter naar mezelf te kijken. Niets in mijn leven verloopt vanzelfsprekend. Ik móet er wel over nadenken. Zo ben ik bij de antroposofie uitgekomen. Die kennis geeft mij een soort leidraad.

Ik geloof nu dat autisten niet volledig gereïncarneerd zijn. Velen onder hen hebben al moeite met geboren worden. De baring duurt langer en er treden vaker complicaties op. Mensen met autisme kunnen dus niet goed aarden. Ze zitten te veel in hun hoofd. Vanuit dat inzicht probeer ik Cor en Kees te helpen: ik neem veel prikkels weg. Wij leiden een redelijk rustig leven. Wij eten groenten uit eigen moestuin die Cor kweekt. Ik ben niet zo voor therapieën, ik heb mijn eigen therapie ontwikkeld. Alles wat mij aanspreekt zo'n beetje.

Formele therapieën gaan ten koste van alle andere zaken en mensen in je gezin. Ik probeer te kijken naar mijn man en kinderen en hoop te zien wat zij nodig hebben en graag willen doen. Zij kunnen dat zelf redelijk goed aangeven.'

Is de buitenwereld op de hoogte? Weten vrienden en collega's van Cor iets?
'Nee. Wij bazuinen dat niet uit. Er is een collega aan wie hij over onze zoon verteld heeft. En "dat dat waarschijnlijk door hem kwam". Er is ook een groep waarmee hij gaat sporten: onder die mensen is dat niet uitgesproken, maar ik denk dat ze vanzelf inzien dat ze zich aan zijn eigenheid moeten aanpassen.
Mijn ouders weten het, maar willen het niet accepteren: "Hij zorgt toch goed voor jou." Gek: die steun die ik van mijn ouders verlangde, krijg ik nog altijd niet. Cors moeder heeft het altijd geweten. Van zichzelf zegt ze: "Ik ben niet zo flexibel." Dat mens heeft een chaotisch leven achter de rug.'

Je vindt het niet belangrijk dat hij een officiële diagnose krijgt?
'Wij hoeven geen diagnose voor Cor. Wij weten het allebei. Dat volstaat. Wel droomde ik onlangs dat hij met Gijs naar Frankrijk ging en dat ze een ongeval hadden waarbij Gijs gewond raakte. Toen werd Cor, in mijn droom, zo boos dat hij die ander wel had kunnen vermoorden. Ik werd helemaal in paniek wakker: hoe uitleggen dat hij "ontoerekeningsvatbaar" was? Sindsdien worstel ik met de vraag: zou dat etiket, dat voor ons niet hoeft, toch niet een soort bescherming kunnen bieden?
Dat blijft nu de eeuwige vraag: hoe kan ik Cor en Kees beschermen? Hoever moet ik daarin gaan? Op zeker moment houdt mijn verantwoordelijkheid toch op, denk ik. Ik kan

niet blijven piekeren, wanneer ik ga fietsen: wat gebeurt er als mij vandaag iets overkomt? Hoe groot is het risico voor mijn gezin? Op een keer moet je zeggen: ik fiets hier, en ik heb plezier. Punt, uit.'

Intimiteit als vergrootglas

De intieme relatie is het vergrootglas van de handicap autisme. Dat stellen partners vast die in een huwelijk of een andere intieme band met een autistische persoon zijn gestapt. Meer dan andere mensen ervaren zij de tekortkomingen en het onvermogen van de autist om tot echte wederkerigheid en een goede communicatie te komen. Is een relatie met een man of vrouw die autisme heeft te mijden?

'Voor de persoon met autisme zou het prachtig zijn om een relatie te hebben waarin hij niet moet teruggeven wat hij niet geven kan', zegt pedagoog Peter Vermeulen. 'Veel jongvolwassenen met autisme verlangen immers heel erg naar die intieme relatie. Maar is het omgekeerd wel haalbaar om een relatie met zo iemand aan te gaan, in het besef dat je niet zult krijgen wat je menselijk mag verwachten en verlangen? Weinig vrouwen, of mannen, zijn in staat om samen te leven met een partner die autisme heeft. Of ze zouden erg zorgzaam moeten zijn en zichzelf kunnen wegcijferen. Is het wenselijk om zo'n houding te verheerlijken?'
Cis Schiltmans van de Vlaamse partnergroep wijst erop dat er ook paren bestaan die wel tot een goede verstandhouding komen: 'Wellicht komen die niet zo snel naar de groep als partners die het autisme van hun man of vrouw in de eerste plaats als een probleem ervaren.'
'De buitenwereld kan onmogelijk een oordeel vellen over de leefbaarheid van een intieme relatie', meent professor Rik

Willemaers, psychotherapeut en deskundig in relaties en relatieproblemen. 'De ene mens heeft veel meer behoefte aan intimiteit dan de andere. Maar als algemene regel kun je wel stellen dat bij ieder koppel het verlangen leeft om het innerlijk van de ander te leren kennen. Het is ontroerend wanneer je koppels ziet bij wie dat lukt. Maar het lukt lang niet altijd. Ook in de "gewone" relaties vind je de hele scala terug. Ik veronderstel dat paren van wie één autisme heeft, onderaan die ladder bengelen.'

Willemaers vindt het niet zo verwonderlijk dat intimiteit niet vanzelfsprekend is in relaties. Hij legt uit: 'Een eerste fundamentele voorwaarde is het vermogen van elke betrokkene om zich sterk bewust te zijn van zijn of haar innerlijke ervaringswereld: alle mogelijke gevoelens, gedachten en herinneringen worden toegelaten tot het bewustzijn. Dat is voor veel mensen al moeilijk. Bovendien moet er ook bekwaamheid en bereidheid zijn om die innerlijke beleving zo helder mogelijk te verwoorden voor je partner.
Een verdere voorwaarde tot intimiteit is de aanwezigheid van empathie, het proces dat je in staat stelt in de wereld van de ander binnen te komen. Tot slot moet je ook nog in staat zijn die wereld te begrijpen en dát over te brengen naar je partner. Zijn deze vaardigheden bij beide partners aanwezig, dan is intimiteit mogelijk. De ervaring dat de ander zich fijn kan afstemmen op wat er in je omgaat, stimuleert trouwens de uitwisseling, want er ontstaat veiligheid, vertrouwdheid, echtheid.
Ieder van ons voelt immers de behoefte om aanvaard te worden in onze uniekheid, in ons anderszijn. Wie zich niet aanvaard weet, sluit zich af. Omdat intimiteit op verscheidene domeinen kan ontstaan, zie je dat paren soms genoegen

nemen met enkele van die domeinen. Andere verlangen en krijgen meer. Weer andere haken af wanneer ze beseffen dat het in hun relatie niet lukt.'

Mensen met autisme, vermoedt Willemaers, hebben het erg moeilijk met al die opgesomde vaardigheden: onderscheid maken tussen complexe gevoelens, zelfreflectie, aandachtig naar de ander luisteren. 'Denk aan de momenten waarop ze in de war raken en in de knoop zitten met hun eigen gevoelens en gedachten.'

Hij kent vrouwen die het jaren met een autistische man hebben uitgehouden. Die altijd bleven hopen en proberen en het ten langen leste uitgeput hebben opgegeven. 'Hun ontgoocheling kan grenzeloos zijn. Een vrouw vertelde mij: "Vijftien jaar van mijn leven zijn wég. Vijftien jaar van uiteindelijk stomme illusies. En nu ik de knoop heb doorgehakt, zit ik nog met een pak schuldgevoelens ook, want hij kan er niets aan doen. Zal ik ooit nog gelukkig zijn?" Dat heb je natuurlijk ook in gewone relaties. Er gaan twintig jaar voorbij. Alles vloeit, alles verandert, ook de mens met zijn verwachtingen. En plots duikt de vraag op: "Wat heb ik tot nog toe gehad?" Het antwoord van sommigen is: "Eigenlijk nog niets".'

De balans kan natuurlijk ook omslaan door omstandigheden buiten het autisme, zegt Willemaers: 'Als een vrouw door haar autistische partner psychisch en/of lichamelijk mishandeld wordt, is het autisme niet per se de oorzaak van de echtscheiding.'

'Andere partners overleven toch in die relatie door op te gaan in allerlei sociale en creatieve activiteiten, die zin in hun leven brengen. Ik geloof nogal sterk in de kracht van creativiteit. Met muziek en kunst bezig zijn heeft al veel mensen in moeilijke situaties geholpen. Weer anderen blijven bij hun partner om materiële omstandigheden of om waarden die voor hen belangrijk zijn: het jawoord dat ze niet willen terugtrekken, of het gevoel dat hun partner niet zonder hen kan.'

'En ten slotte zijn er ook vrouwen, en mannen, die op een heel assertieve en gestructureerde manier leerden omgaan met de specifieke "eigenheden" van een autistische partner. Zij slagen erin duidelijk te vragen en te verkrijgen wat belangrijk is voor de leefbaarheid van een relatie, ondanks de beperkingen. Vergeet ook niet dat elk mens met autisme zijn of haar eigen persoonlijkheid heeft. De een is wat makkelijker in de omgang dan de ander. Ook dat maakt soms een heel verschil! Maar voor velen onder hen is het moeilijk om in praktijk te brengen dat geven ook krijgen is, en krijgen ook geven.'

Zijn vrouwen veeleisender dan mannen? Moeilijke vraag, zegt Willemaers. Hun verlangen is in elk geval anders, denkt hij. Hij stelt het ook bij 'gewone' koppels vast: 'Meer dan mannen willen vrouwen zich nestelen. Intimiteit is voor hen vaak belangrijker dan voor mannen. Het is een vraag die niet een-twee-drie te beantwoorden is. Lees er het boek maar eens op na van John Gray: *Mannen komen van Mars, vrouwen van Venus.* Mannen zijn anders, vrouwen ook. Die verschillen stellen hoge eisen aan partners in een intieme relatie.'

Kunnen mensen de kansen op succes afwegen voor ze eraan beginnen? Ze kennen elkaar toch van tevoren en in het geval van autisme is de stoornis vanaf het begin aanwezig, zeggen sommige sceptici. 'Wie dat zegt, legt een heel zware verantwoordelijkheid bij dat individu, voor een probleem dat in het begin zo moeilijk in te schatten is', antwoordt Willemaers. 'Bij normaal begaafde mensen met autisme vind je verscheidene "eigenheden", die je ook ziet bij mensen zonder autisme. Alleen is bij hen zo'n ongewoon groot pakket aanwezig, en dat wordt aanvankelijk niet altijd in zijn volle draagwijdte gezien door de toekomstige partner. Geleidelijk aan dringt het door tijdens het samenleven. Sommige partners hebben aanvankelijk moeite om het te geloven, ze doen heel hard hun best om zich aan te passen. Al heb ik de indruk dat men er vandaag minder lang over doet om tot een beslissing te komen.'

Verscheidene partners in het boek zeggen dat ze vroeg – te vroeg – getrouwd zijn, en lang getwijfeld hebben of ze het wel zouden doen. Willemaers hoort dit ook van 'gewone' partners die in de knoei zitten. 'Sommige leggen de datum al een jaar op voorhand vast en de feestzaal ook. Alle mensen in hun omgeving zijn al op de hoogte. Het vergt veel lef, als jonge man of vrouw, om er dan nog uit te stappen. Want dan is niet alleen hun verloofde boos, maar ook de ouders van hun verloofde, en vaak hun eigen ouders ook nog.'

'Ons eigen Schiermonnikoog'

Sinds Toon (36) weet dat zijn vrouw Lieselot autisme heeft, net als hun oudste zoon Sander, is hij druk op zoek gegaan naar mensen en organisaties die haar kunnen helpen. Dat viel tegen. In de Nederlandse partnergroep vond hij gelijkgezinden, meestal vrouwen, die bij elkaar steun zoeken en ervaringen uitwisselen over het leven met hun autistische man.

'Mij was het in de eerste plaats te doen om hulp voor Lieselot', zegt Toon. 'Die is er niet. Ook de zelfhulpgroep van personen met autisme lijkt maar niet van de grond te komen. Ons huidige doel is een buddy voor haar te vinden: iemand op wie ze altijd terug kan vallen. Het hoeft geen professionele hulpverlener te zijn. Iemand die haar met raad en daad bijstaat, zodat ze niet steeds op mij hoeft te steunen. Ik heb het daar lastig mee, omdat ik haar op die manier eigenlijk al alles ontnomen heb, tot en met het moederschap toe. Ik regel het huishouden, ik vang de kinderen op, ik regel haar werk. Nu zou ik ook haar enige toeverlaat zijn omtrent haar autisme? Dan ontneem ik haar op de koop toe haar handicap. Dat is toch gênant! Welke kant kan ze dan nog op? En gelukkiger wordt ze er ook niet van.'

Toon slikt even. Hij heeft ervoor gewaarschuwd: hij raakt snel geëmotioneerd als hij over de handicap van zijn vrouw vertelt. Want hij vindt het ronduit verschrikkelijk dat ze autisme heeft, en nog het meest voor haar. 'Want ik hou van Lieselot.'

In welk opzicht heeft Lieselot autisme? Hoe merk je het?
'Aan alles. Men voert soms de discussie over het benoemen van de handicap: heeft iemand autisme of is hij autistisch? Voor mij is het dat laatste. Net zoals bij blinden, die de wereld anders ervaren en daardoor een andere voorstelling van die wereld hebben, zo kleurt en vormt autisme alles. De hele klerezooi wordt door die handicap vervormd. Het zijn echt twee aparte werelden. Je kunt het vergelijken met de allochtonen die bij ons in de straat wonen. Zij zijn anders. Ik ook. Zolang geen van ons daar een punt van maakt, is er geen probleem met dat verschil.
Hoewel dat misschien te simpel klinkt als vergelijking. Autisme is hartstikke ingewikkeld. Het is een heel andere manier van denken. Wanneer je dat zo'n dertig jaar hebt gedaan, zoals Lieselot, zonder dat je je ervan bewust was, zonder dat je in dat anderszijn erkend werd, dan zorgt dat geheïd voor verwarring.
Nu pas komt Lieselot erachter dat haar autisme de werkelijke reden is waarom ze zo'n moeite met feestjes heeft. Vroeger vond ze die "wel leuk", zoals de meeste mensen. In werkelijkheid vond ze zo'n feestje toen al rommelig en voelde ze zich na afloop vaak rottig. Maar iedereen zei dat het zo "gezellig" was geweest en dus zei Lieselot dat ook. In haar denkwereld hoort "gezellig" bij het gevoel "rommelig" en "rottig". Dat ze zich de volgende dag niet goed voelde, dat kwam door de drank zeker. Ook al had ze maar één glaasje gedronken: "Nou, dan kan ik er niet zo goed tegen." Als zij het woord "gezellig" hoort, zou ze het liefst van al thuisblijven.'

Wat viel jou het meest op aan haar gedrag?
'Al die clichés die ik hoorde over hoe mannen en hoe vrouwen zijn: ik vond er nooit iets aan. Dat klopte bij ons van

geen kanten. Ik heb in elk geval altijd geweten dat zij de gemiddelden fors naar beneden haalde. Haar gedrag lijkt soms net zo "hufterig mannelijk" als het cliché dat wil. Maar het viel pas echt op toen de kinderen kwamen. Lieselot is heel enthousiast moeder geworden. Van de zwangerschappen heeft ze enorm genoten, van de baby'tjes ook. Maar zodra ze begonnen rond te kruipen, kwamen er onbegrijpelijke gaten in haar verantwoordelijkheid. Dat was echt eng!
Elk kind probeert grenzen te overschrijden. Zij ziet dat wel gebeuren, maar ze kan er niet op ingrijpen. Dan kruipt zo'n joch naar het trapgat, terwijl het hekje niet dicht is. Ik zag het vanop een afstand gebeuren, maar zei niets, want dat zou toch veel te gênant hebben geklonken? En toen moest ik à la limite toch ingrijpen, omdat hij al min of meer aan het vallen wás. Uit haar kwam op dat moment geen enkele impuls voor actie. Dat was helemaal *blanco.* Ik kan je een paar extreme voorbeelden geven: Sander die in een hoog tempo op de stoeprand af fietst. Zij staat daarbij. En dus dondert hij van die rand af en zet een keel op. En vijf minuten later dringt het tot haar door en begint ze op haar beurt te janken. Omdat ze ziet dat ze tekort is geschoten. Dat is doffe ellende, hoor.
Lieselot heeft veel faalangst. Zij heeft die plek nog niet gevonden waarin sommige personen met autisme zich thuis kunnen voelen. Situaties en problemen kan ze perfect analyseren. Je kunt met haar overleggen, zaken doorpraten. Maar ze gaat naar buiten en vervalt weer in haar oude routine.'

Veel meer mannen dan vrouwen hebben autisme. Sommigen denken weliswaar dat de aandoening bij vrouwen onderbelicht is, omdat ze zich kunnen verschuilen in de beslotenheid van het gezinsleven, waarbinnen de taken duidelijk zijn. Wat denk jij daarover?

'Als ik Lieselot bezig zie, durf ik dat in twijfel trekken. Voor het huishouden en de dagelijkse zorg voor de kinderen heb je overzicht nodig en moet je constant alert kunnen zijn. Uitgerekend die kenmerken mist zij. Dus kan ze geen vorm geven aan die typisch vrouwelijke invulling van het gezinsleven.'

Hoe gaan jullie daarmee om?

'Eerst zochten we voortdurend naar praktische oplossingen voor concrete problemen. Want dat huishouden was dus een ramp. Te gek eigenlijk: iemand die een been mist, moet toch ook niet leren om de vuilniszakken naar buiten te dragen? Waarom dan het huis vol briefjes hangen in een poging haar te helpen? Ik vind zo'n aanpak niet respectvol. Al haar hele leven probeert zij zulke dingen te leren. Zij moet dat eigenlijk niet "willen". Door haar autisme zijn die doelstellingen bijna niet op een waardige manier te bereiken. Ze heeft een lange weg afgelegd voor ze dat inzag.'

Je zegt dat je haar het moederschap ontnomen hebt. Wat bedoel je daar precies mee?

'Ik heb nu over alles de eindverantwoordelijkheid. Zij helpt mij. We hebben een superoppas en er woont een goede vriendin van Lieselot in de buurt, waar ze vaak naartoe trekt als ik er niet ben.

Als zij de jongens naar school brengt en de ouders aan de schoolpoort beginnen te praten en te kwekken, kan ze de hele verdere dag niet werken: dan is ze bekaf. Ze wordt al zenuwachtig bij de gedachte dat een moeder zal vragen of haar kind bij ons mag komen spelen. Klaas gaat natuurlijk graag op voorstellen van anderen in. In zo'n situatie kan zij niet "nee" zeggen. Maar omgekeerd houdt Lieselot de boot af, en daar voelt zij zich dan weer schuldig over.

Ik heb het overzicht over al die dagelijkse klussen min of meer overgenomen. Vroeger werkten we allebei halftijds: ik als muziekleraar, zij schildert. Maar ik kreeg almaar meer opdrachten, waardoor zij steeds meer vast kwam te zitten thuis. Dat sloeg nergens op. Want ze doet haar werk juist heel graag en slaagt er ook in om haar schilderijen te verkopen. Dus hebben wij besloten om alles om te gooien. Zij schildert vijf dagen in de week, terwijl ik het huishouden bestuur en 's avonds nog wat gitaarles geef. We hebben een hypotheek op ons huis genomen. Sommige mensen verklaren ons voor gek, nu wij alles op het schilderwerk van Lieselot verwedden. Maar als iemand zo'n saai werk kan volhouden, is zij het wel. Dag in dag uit met verf bezig zijn: heerlijk voor die meid.'

Wat voor schilderijen maakt ze?
'Grote. Ze moet ze nog net kunnen tillen. Eén schilderij per twee maanden. Ze is eindeloos geduldig met verf. Dat is niet echt cool in dat wereldje. Haar vrienden van de kunstschool zijn veel meer met concepten bezig. Zij niet. Zij heeft geen grote, conceptuele ideeën. Ze schildert bloemen. En kwallen, maar de mensen denken toch dat het bloemen zijn. Veertig keer hetzelfde schilderij, altijd weer gaat ze er met die borstel overheen. Tot het schilderij op een bepaald moment te sterk wordt, sterker dan zijzelf, en ze er niet meer aan durft te komen. Nu pas begrijpt zijzelf hoe ze zo schildert en waarom. Dat dat met haar autisme te maken heeft.'

Wanneer is het woord autisme bij jullie binnengekomen?
'Dat was met Sander, onze oudste zoon. Maar niet onmiddellijk. Toen Klaas geboren werd, vielen wij van de ene verbazing in de andere. Wij vonden hem zo'n rare jongen, terwijl Klaas heel normaal is. Alleen hadden wij onze ideeën over wat

ouderschap inhield helemaal afgestemd op Sander. We vonden bijvoorbeeld altijd dat andere ouders onbeschoft met hun kroost omgingen. Die pakten hun kinderen onder de arm wanneer ze ergens wilden vertrekken. Zonder dat vertrek eerst aan te kondigen! Plots konden we dat met Klaas ook.
Het rare is dat Sander qua karakter meer op mij lijkt en Klaas meer op Lieselot. Zo krijg je van die kruisbestuivingen. Want Sander en Lieselot zijn beiden autistisch, maar vertonen verder niet zoveel gelijkenissen. We hebben geleerd dat het ingewikkelder in elkaar zit dan je denkt.'

Heeft Lieselot een diagnose?

'Ja, dat stempeltje heeft ze. Al verkreeg ze het op amateuristische wijze. Voor mij was die diagnose niet nodig. Ik zag zo ook wel hoe de vork in de steel zat. Sander had toen immers al een diagnose. De broer van Lieselot verblijft in een instelling, zogenaamd met een mentale handicap. Die heeft hij volgens mij helemaal niet. Die heeft ook autisme. Zoveel elementen vielen op hun plaats. Ook de vele strubbelingen die wij gekend hebben.
Voor Lieselot was de diagnose wel belangrijk. Zij wilde een geschreven bewijsje. Omdat ze er zelf niet uitkwam... Bij ons in Nederland heb je een verwijsbriefje van de huisdokter nodig om naar het Riagg te kunnen gaan. Die man had al helemaal geen notie bij Sander, die nochtans een erg duidelijke vorm van autisme heeft. Daarom ging ik mee.
Wel, die geniale huisarts schudde daar zo'n zin uit zijn mouw met zestien komma's en evenveel bijzinnen: of ze, en in welk soort omstandigheden, hoe vaak al en op welke wijze te maken had gehad met autisme? Lieselot zat sprakeloos. Toen heb ik die lange zin herhaald en gezegd dat ze bij zulke zinnen absoluut niet wist wat te antwoorden. De arts schreef meteen het briefje.

Daarna naar het Riagg, de psychologische manier van aanpakken: hoe was haar jeugd geweest? Ouders gescheiden, broertje geplaatst? *O, wat erg.* Dan moet er voor die mensen niets meer mis zijn met jezelf, hoor. Alles is aan die omstandigheden te wijten. Toen heb ik me boos gemaakt: waarom had Klaas dan zijn handjes verbrand onder de hete kraan? En waarom moest Sander leren rolschaatsen op straat toen die vol glasscherven lag? Waarom brengt ze knakworstjes en een komkommer mee als ik haar vraag om iets te halen dat snel klaar is? Heeft dat allemaal met haar jeugd te maken? Uiteindelijk hebben we een brief in de bus gekregen die haar autisme bevestigde. Daar was het ons per slot van rekening om te doen.'

Kunnen de mensen van het Riagg haar nu verder helpen?
'Het enige wat ze te bieden hebben, zijn tien gesprekken. En dan moet het "over" zijn. Zo werkt het misschien bij een depressie, maar niet als je autisme hebt! Ze heeft nu haar achtste sessie achter de rug. Straks is er niets meer. Daarom de zoektocht die ik begon naar een betere ondersteuning voor Lieselot.'

Knakworstjes, zei je. Kan ze niet winkelen?
'Ze koopt gewoon dingen die er goed uitzien in zo'n karretje. Iedereen heeft melk in het karretje, dus zij ook. Terwijl wij amper melk drinken. Elke keer weer brengt ze een soort leverworst mee die niemand van ons lust. Het is een beetje maf. Ik heb haar nog lijstjes meegegeven, maar dat hielp ook niet. Want de waren stonden niet in dezelfde volgorde in de winkel als op mijn briefje. En als ze iets eenmaal voorbij was gelopen, ging ze niet meer terug.
Hetzelfde met de was doen, of koken. Als ze het punt voorbij is waarop ze van plan was om zout in het eten te doen, komt

er geen zout meer in. Op een keer besloot ze kleren te maken voor Sander. Hij went zo moeilijk aan nieuwe spullen. Dus maakt zij gewoon hetzelfde, maar in een grotere maat. Dat is wel slim bedacht. En ze kan ook goed naaien, maar ze doet rare dingen.
Voor Klaas had ze onlangs een hartstikke leuk truitje gemaakt met een capuchon. Maar het ding hield op *boven* zijn navel. Ze was er erg trots op. Is het niet wat kort? wilde ik weten. "Ja", zegt ze, "maar ik had niet genoeg stof." Ze was tot diep in de nacht blijven voortploeteren, liever dan de afwerking uit te stellen tot de volgende dag om nieuwe stof te kunnen kopen.
Op zich zijn dat dingen die niet erg zijn. Maar als het om de kinderen gaat, wordt het wel vervelend. Klaas met zijn handen onder de hete kraan: die jongen begrijpt dat zelf niet. "Waarom doet mama zoiets?" Dat is gewoon verschrikkelijk. Ik word daar heel erg geëmotioneerd bij als ik wil ingrijpen. Gelukkig hebben wij er nu iets op gevonden: eens in de twee weken houden we een auti-overleg.'

Wat is dat?

'We gaan naar het restaurant van een grootwarenhuis en blijven er een hele ochtend praten. Je hebt er een fraai uitzicht over de stad. Het is een goeie plek voor Lieselot: zonder pretenties, erg onopvallend, niemand die zich met je bemoeit. Eigenlijk een plek waar je nooit naartoe zou willen omdat het er helemaal niet "gezellig" is *(lacht)*. Daar worden veel problemen opgelost én ze hebben er hartstikke lekkere broodjes.
Met ons tweeën overschouwen we de voorbije weken: waar zijn we tegen autisme opgelopen en welke oplossingen hebben we gevonden? Zodat we niet hoeven te wachten tot de moeilijkheden hoog oplopen. Dat werkt erg goed. We zitten

daar vaak uitputtend onze relatie uit te pluizen. Elke millimeter die we in kaart brengen, brengt ons dichter bij elkaar.'

Geef eens een voorbeeld van de zaken die jullie zo bespreken.
'Er zijn een paar avonden in de week dat ik gitaarles geef. Lieselot brengt de kinderen naar bed, maar de heisa begint al bij het avondeten. Dat is vaak zo'n puinhoop en we begrepen niet waar dat vandaan kwam. Zegt Sander aan tafel: "Er is gewoon te veel en te hard lawaai, daar word ik zo druk van." Lieselottes mond viel open van verbazing: zo zat het dus. Ook voor haar gold dat ze door het "kabaal" eigenlijk tijd moest hebben om bij te komen. En die tijd is er niet, want ze moet de jongens naar bed brengen. Nou hebben we een ander servies gekocht: alleen nog houten borden en plastic kommen om het eten in te doen. Heerlijk vinden ze dat! Zoveel rustiger.
Sander heeft voor zichzelf ook een strategie ontwikkeld als hij de drukte wil ontvluchten: dan kiest hij het simpelste puzzeltje uit dat er is en gaat ermee in een hoekje zitten. Altijd datzelfde puzzeltje. Hij past die truc ook toe als hij bij de buren aan het spelen is en het hem daar even te druk wordt: dan holt hij snel het huis binnen en pakt zijn puzzel.
Lieselot heeft nu ook zoiets ontdekt. Als de jongens bekvechten of ruziemaken kan ze niet ingrijpen terwijl ze hen aankijkt. Het lukt haar wel als ze afwast. Nu gaat zij afwassen als zij moet opletten. Als er dan iets gebeurt, kan ze wel snel ingrijpen omdat ze niet gestoord wordt door de verwarrende beelden erbij.
Maar als ze met hen gaat knutselen rond de tafel, loopt het nog vaak fout. Terwijl dat nochtans haar ding is. Ze moet eerst alles klaarzetten, dat is al zo'n gedoe. Dan moeten de jongens hun speciale schilderpakjes aan. Als dat allemaal

klaar is, gaat zij weg. Het is erg complex hoor. Want ze wil gráág iets ondernemen met de kinderen. Maar ze is al zo in de war van die hele voorbereiding, dat ze prompt iets anders gaat doen. De jongens ontgoocheld: "Hé mam, we gingen toch schilderen"?'

Lukt het allemaal beter als jij thuis aan het roer staat?
'Zo is dat. Alles loopt het best, voor ons allebei, als ik mezelf als een eenoudergezin beschouw. In het begin verdeelden we de taken tussen ons beiden. Ik kookte en dan moest zij afwassen. Dat moeten is een veel te hoge drempel voor haar. Als de druk wegvalt, en ze niets meer hoeft, doet ze meer dan je zou denken. Dan wast ze wel af, terwijl ik de kinderen naar bed breng.'

Heb je er een verklaring voor?
'Al honderd keer heeft ze me verteld dat ze haar levenlang al bezig is met het maken van lijstjes. Lijstjes van lijstjes van lijstjes. Allemaal dingen die *moeten* gebeuren. En nooit heeft ze er voldoening van, want zodra een karwei voorbij zijn kritische punt is gekomen – bijvoorbeeld omdat ze het half heeft uitgevoerd – laat ze het schieten en begint ze aan iets anders. Want als de afwas half gedaan is, is de urgentie niet meer zo hoog. Dan springt er een andere klus omhoog op haar lijstje, die ze plots als veel dringender ervaart.
Ze kan maar één ding goed doen als er niet nog een hele lijst is van twintig andere opdrachten. Maar er zijn altijd nog twintig andere taken die wachten. Omdat zij dat vindt, of omdat de omgeving bepaalde zaken van haar, jonge moeder, verwacht.
De was moet in de machine – urgentie! – en er weer uit – urgentie! – en van het wasrek af – urgentie! Dat is voor haar

een opeenvolging van dwingende taken. We hebben een wasmachine met een bovenlader. Daar zit niet zo'n venstertje in waar je door kunt kijken. Zo ontkomt de was mogelijk aan de "urgentie" om hem eruit te halen. Slecht voor de was, hoor, want dan beschimmelt die!
Geef toe, zo iemand omring je toch niet met briefjes waarop te lezen staat wat ze nog allemaal moet doen?'

Leert Lieselot jou ook iets over Sander?
'Zeker. Het werkt in beide richtingen. Nu ik het autisme van Lieselot begin te begrijpen, beleef ik de bijeenkomsten van ouders van kinderen met autisme ook helemaal anders. Als ze in zo'n groep zeggen dat je overal naampjes op moet plakken en lijstjes moet maken, om de wereld voor het kind aanschouwelijker te maken, zeg ik néé. Dat is niet goed. Niet voor Lieselot, waarom dan wel voor Sander? Een huis vol etiketten: dat betekent zoveel als Sander aan zijn haren doorheen een niet-autistische wereld proberen te slepen. Die hele auti-aanpak, die makkelijk ontstaat tussen een autistisch kind en een niet-autistische ouder, vind ik mensonterend. Autionterend.
Omgekeerd kunnen de oplossingen die we bedenken voor Sander vaak ook gelden voor Lieselot. Het is makkelijker om het autisme van je kind te aanvaarden, en daarmee om te gaan. Ik ben er meer mee in het reine en ik kan er ook heel goed met Sander over praten. Plots heb je dan een oplossing gevonden en zijn hij en ik blij! In één oogopslag zie ik Lieselot daarachter staan, ingestort bij precies dezelfde hindernis. Dat blijft pijnlijk.
Sander is een soort fuik. Zo'n jong, ontwapenend kereltje. Het is veel makkelijker om energie in hem te stoppen. Ik ben tenslotte zijn vader. Het is lekker veilig. Maar elke keer zie ik

dan weer: verdomme, dat is bij haar precies hetzelfde! Als ik hem niet had, zou ik die hindernissen bij Lieselot niet zo snel accepteren. De beschuldigende woorden liggen tussen ons nog snel voor het grijpen.'

Hoe zou jullie relatie zonder kinderen, en vooral zonder Sander, verlopen zijn?
'Ik weet het niet. Vast een boel gerommel. De kans zou klein geweest zijn dat we ontdekt hadden wat er met Lieselot aan de hand was. Voor de kinderen kwamen, waren we al eens in relatietherapie. We gingen zelfs voor een paar weken uiteen. Ik vond dat helemaal *niets*. Geen enkel etiket over uiteengaan paste bij ons. Ik vond haar bij wijlen nogal egoïstisch, en zij mij ook. Ik wist, als we de relatie opbraken, dat dan met terugwerkende kracht alles *klote* zou worden. Omdat het gewoon niet *klopte*.
Als je getrouwd bent met een autistisch persoon, en geen echte reden hebt om uit elkaar te gaan, dan verloopt een scheiding zoals bij de ouders van Lieselot: niet samen kunnen, geen reden hebben om los te laten en dus eeuwig blijven worstelen. "Zullen we wel, of juist niet, weer samen proberen"?'

Hoe zit het met jullie sociale leven, als zij niet graag naar feestjes gaat?
'We passen ons aan. Vroeger gingen we "natuurlijk" naar het theaterfestival. Omdat iedereen gaat en dat jaarlijkse culturele hoogtepunt ontzettend leuk vindt. Lieselot dus ook, maar ze hangt erbij als een blok beton. Er zijn gewoon te veel nieuwe indrukken.
We hebben die kwestie op ons auti-overleg besproken. Ik begreep dat zij er eigenlijk liever niet heen gaat. Juist, zei ze. Lieselot ziet geen reden om er lol te beleven. Ze probeert het

steeds te willen, maar het lukt haar niet. Ja,... en waar blijf *ik* dan? Ik vind dat uitgaansleven wel leuk. Zo leuk, dat ik die uitjes het liefst beleef met de persoon met wie ik enthousiast een relatie heb. Ik moet dat aspect van mijn leven nu opbouwen met anderen. Ongegeneerd lol hebben *zonder* haar. Ik heb zelfs veel meer lol dan met haar. En gelijk voel ik mij daar weer vreselijk ongelukkig over...
Op de partnerdagen voeren we daar vaak lange discussies over: wat doe je als uitingen van verbondenheid in je relatie niet meer kunnen? Wat blijft er dan nog over? Het doet pijn om al die oude vanzelfsprekendheden af te breken. Maar daarom is er tussen ons niets minder. Want Lieselot is niet autistisch geworden. Zij is altijd zo geweest, vanaf het eerste moment dat ik haar kende, en lang daarvoor.
De pijn zit nog het meest in het feit dat we zo lang geprobeerd hebben om zo'n leven op te bouwen. Nu voel ik een grotere verbondenheid met haar. Het lukte immers nooit om een echt gezellige avond met haar door te brengen op zo'n feestje.
Op een keer kwam ik thuis van een partnerdag en ik was helemaal van de kaart door een verhaal dat ik daar gehoord had: een vrouw was veertig jaar getrouwd met een autistische man en had hem zojuist uit huis laten plaatsen. Hij wou geen veters meer strikken, geen boterhammen meer smeren: een voor een sloot hij alles af. Ik vertel dat aan Lieselot. "Wat een lef!" zegt zij. Ze had gelijk een heerlijke avond. *Dat iemand zoiets durfde! (stil)* Erg, hé. Zelfs de kleinste alledaagse dingen zoals veters strikken of een boterham smeren hebben voor haar een wezenlijke drempel die ze moet overwinnen. Dat is voor iemand zonder autisme bijna niet voor te stellen.'

Zij merkt niet hoe erg jij dat voor haar wel vindt. Het vaak genoemde gebrek aan wederkerigheid?

'Het is waar dat zij slecht aanvoelt hoe mijn emoties werken, maar wat dat betreft zitten we op gelijke hoogte, want ik heb daar ook grote moeite mee. Ik zou niet durven zeggen dat Sander en Lieselot geen emoties hebben. Alleen uiten ze die op een andere manier. Van haar kant gezien uit ik mij ook ánders. Vergeet niet dat de verhouding autistisch niet-autistisch bij ons fifty-fifty is. Wij moeten daar dus een soort balans in vinden. Het is niet in het beschuldigen van elkaar dat wij elkaar tegemoet zullen komen. Met een handicap is het toch altijd een kwestie van stemmen en de meerderheid behalen, ja toch?
Bekvechten met Lieselot heeft dus geen zin. En ach, bekvechten, dat is veeleer wishful thinking van mij. Als er iets is wat je niet kunt met Lieselot is het wel ruziemaken. Ze klapt dicht. Ze kan geen standpunt vasthouden. Ze dobbert mee. Pas na verloop van tijd merk ik of zij het in haar systeem kan krijgen. Lieselot zegt nooit: "Daar ben ik het echt niet mee eens."
Een afspraak kan ze twee dagen vasthouden, daarna ebt dat weg. Alles overspoelt haar, alles kost haar energie: gesprekken voeren, boodschappen in het karretje laden, urgentielijstjes afwerken. Ik vergelijk het wel eens met een eendje in een badje. Zodra iemand met het water begint te klooien, begint dat eendje te stuiteren en drijft het alle kanten uit. Bovendien bepaalt het eendje de richting niet. Het eendje hoopt alleen dat het wateroppervlak zo snel mogelijk weer rustig wordt.'

Zegt die omschrijving ook iets over jullie fysieke relatie?
(zucht) 'Nog zoiets ingewikkelds. Altijd geweest. Net als dat eendje is zij zo kwetsbaar als wat. Een toenadering komt snel als bedreigend over. Lichamelijk contact is een extra prikkel die al snel te veel is. Sinds we weten dat ze autistisch is, kun-

nen we het beiden beter begrijpen. Ik moet heel voorzichtig zijn met initiatief, want anders raakt ze de kluts kwijt.
Als je bedenkt dat emoties en het herkennen van emoties bij elkaar zo belangrijk zijn in een seksuele relatie, weet je dat het lastig is. Onze seksuele relatie is niet stilgevallen, maar er zit wel een rem op. 't Is heel erg breekbaar... Eerlijk gezegd voelen we er ons zelden allebei goed bij. Voor Lieselot is het vaak verwarrend: een situatie beneden op de bank is voor haar iets helemaal anders als boven in bed.
Vroeger kon ze onder vriendinnen vreselijk schunnige taal uitslaan, die echt nergens op gebaseerd was, hoor *(lacht)*. Dat zijn voor haar twee verschillende werelden.'

Je hebt je wel enorm aan haar behoeften aangepast, he?
'Ik ben niet zo geboren, hoor. Voor mij zijn dat ook overlevingsstrategieën. Binnenkort gaan we voor het eerst weer samen met vakantie. Een test: lukt het ons? Ik heb een slimme truc bedacht: ik ben tevoren met Sander naar het huisje gegaan en heb overal foto's genomen. Niet van het uitzicht, maar van de kamers, de gangen, de wc. Zo kan ze al een beetje wennen. Onze laatste reis samen was een ramp. We wisten het toen nog niet eens van Sander. We stonden op zo'n drukke camping, met een tent. Sander wou gelijk niet meer lopen en Lieselot was helemaal de kluts kwijt. Niet voor herhaling vatbaar.
Ook vakanties thuis zijn stressgevoelig. Dan valt ons normale gedragspatroon in duigen, want de kinderen zitten thuis. In de herfstvakantie ben ik ingestort. Ik wou het effe he-le-maal niet meer. En als ik het niet meer kan, kan niemand het.
Uiteindelijk heb ik samen met Sander een reuzenpuzzel gemaakt, van duizend stukken. Dat kan het joch nog niet, maar we werken samen: ik maak de puzzel, en hij kijkt toe.

Zo verliep die vakantie toch nog prima. Toen zei Lieselot: voor de kerstvakantie wil ik ook zoiets. Dat is een van de moeilijkste vakanties die er zijn. Want eerst komt de sint, daarna is mijn schoonzusje jarig, dan ik en daarna volgen al die feesten. Al dat samenzijn, dat is niets voor een autist. En wat is nou de lol van zo'n kerstboom in huis? Of het geklooi van oud en nieuw? Lieselot vindt daar allemaal niets aan. Die activiteiten zijn voor haar veel te onduidelijk.
Zoals Sander niet houdt van de sint. Weet je waarom niet? Sander krijgt daar schrik van: "Die mensen zijn verkleed en niemand die erover praat!" En dat haar is *nep*, dat zie je zo.
Dus die hele periode kwam er als een enorme dreiging aan. Ik heb toen besloten om al dat gedoe weg te flikkeren en een feest op maat te maken voor ons gezin. Iets samen doen, lekker concreet. De jongens wilden al lang een huisdier. Vooral Klaas. We hebben samen twee muizen gekocht, maar in zo'n aquariumpje is er niets aan, want je ziet ze gewoon niet.
In onze woonkamer heb ik een heel buizenstelsel gemaakt. Met een heleboel gaas en vijf hokken. We zijn er twee weken mee bezig geweest, die muisjes rennen daardoor en iedereén vindt het prachtig. En weet je wat? Ik heb er zelf nog het meest lol aan beleefd. Niemand snapt dat dat hele gedonder eigenlijk een soort overlevingsstrategie is. Ik lach nog stiekem in mijn vuistje.'

Kom je nog wel aan jezelf toe?
'Ik ben muzikant, maar muziek draaien kan thuis amper. Want muziek bepaalt de sfeer en zowel Sander als Lieselot vinden dat heel bedreigend. Lieselot heeft twee cd's, die ze draait terwijl ze werkt. Altijd dezelfde. Sander wordt boos om de liedjes die ze leren zingen op school: Berend Botje, wat moet hij daar nou mee? "En hoe loopt dat verhaaltje eigenlijk af?" Muziek drukt

hen een bepaalde kant op, waar ze geen vat op hebben. Alweer: dat gevoel overspoeld te worden door indrukken van buitenaf. Maar muziek is wel een groot onderdeel van *mij*. Daarom heb ik een walkman gekocht, waarmee ik door het huis loop. Het is heel visueel: ik heb twee dopjes in mijn oren, die ze goed kunnen zien. Het ziet er wel idioot uit, hoe ik daar even heel autistisch door het huis loop! Já, mag ik ook even? *(lacht)*

En ik heb net als Lieselot mijn eigen atelier buitenshuis, waar ik overdag ga spelen. Muziek in huis was al lang weggeëbd voor het woord autisme viel. Ik was mij er niet eens van bewust. Tot ik op een gegeven moment merkte dat de muziek ook in mijzelf wegstierf. Dat is best moeilijk, als een deel van jezelf bedreigend is voor een ander. Met jazz hoef ik helemaal niet aan te komen, terwijl dat juist mijn ding was. Jazz is precies het omgekeerde van autisme: het is spontaniteit, vrijheid, improvisatie. Op een bepaald moment heb ik me voorgenomen om elke dag toch één uur muziek te oefenen. God, ik bloeide weer helemaal op!

Helaas, wat opbloeide, is bedreigend, ook voor mij. Omdat het indruist tegen de gestructureerde manier waarop ik mijzelf organiseer in functie van mijn gezin. Als ik met jazz bezig blijf, pleeg ik dus agressie tegenover mijn bestaan en dat van mijn gezin. Plus, als ik die ambitie echt weer zou oppakken en in een bandje zou gaan spelen, dan komt daar ook een soort leven bij dat onverzoenbaar is met mijn huidige leven: onverwachte optredens, laat spelen, invallen op het laatste nippertje. Ik kan die beide ambities – de vrijheid van de muziek, de structuur van mijn gezin – niet tegelijk in mijn hoofd hebben.'

Voor veel mensen zou dat een breekpunt zijn.

'Ach, zo belangrijk is muziek ook weer niet. Het doet wel pijn. Maar ik zou er nooit voor kiezen ten koste van de mensen van wie ik hou. En zoals ik al zei: ik heb geen enkel aanspreekpunt om te breken met Lieselot. Als ik zou besluiten dat het autisme van Lieselot me te veel is, kan ik Sander niet meer in de ogen kijken. Hoe moet ik die jongen later uitleggen: je moeder was autistisch, ik hield van haar, en haar autisme was minder uitgesproken dan het jouwe, maar toch was het mij te veel? Dat *kan* ik hem niet zeggen. In de Verenigde Staten hebben ze T-shirts waarop staat: *Asperger and proud.* Als ik zo'n shirt voor hen zou kunnen kopen, en ze zijn er blij mee, dat zou heerlijk zijn.

Trouwens, Lieselot is geen vervelende meid, ze is niet gemeen. Alleen wordt ze soms zo in beslag genomen om haar hoofd boven water te kunnen houden. Ze doet zo hard haar best en toch mislukt het zo vaak. Als ik een nuchtere balans zou opmaken, hoeveel zij voor mij doet en ik voor haar, dan lag ze eruit. Zo boekhoudkunderig zit het niet elkaar. Ik mag mij niet afvragen hoe weinig ze heeft gedaan, ik moet mij afvragen hoeveel energie het haar heeft gekost.

Vorig weekend gingen we met de jongens rennen in het bos. Toen zag ik voor het eerst wat een enorme opgave dat was voor haar. De jongens schoten alle kanten op. Ik kon niet voor de jongens zorgen en tegelijk voor haar. Dan loopt zij er maar even bij als een zombie. Maar ik dacht wel: arm kind. Ik zakte toch weer even door het ijs. Ze las het van mijn gezicht af, en zei: "Het ging toch best goed?" Ja, omdat ze er heelhuids uit was gekomen! Maar ze had alles afgeremd, elke keer als de jongens in een boom wilden klimmen of op een berg klauteren. Dat is juist het heerlijke van zo'n bostocht. Maar niet voor haar. Zij wil liefst rechtdoor stappen. Voor haar is zo'n avontuur een ramp. Al die opeenvolgende, nieuwe beelden, daar wordt ze duizelig van.

Misschien moeten wij die scène ook niet meer willen spelen. Ik zeg niet dat ze niet meer mee *mag*. Maar ik moet het niet

meer verlangen. De jongens en ik kunnen dat heus wel alleen, en het is nog leuker ook. Zoals we haar 's morgens liever lang laten slapen omdat het ontbijt met ons drieën gezelliger is. Verschrikkelijk, hé, want iedereen wil haar erbij en zij wil dat ook. Het is geen dreiging van Lieselot naar het gezin toe. Maar als je geen rekening wilt houden met haar autisme, vormt ze wel een storend element.
En ze moet er zo'n geweldige inspanning voor doen! Dat mag ik toch niet vergeten te zeggen. Hoe groot de inspanning van haar kant wel is. Die zondagmiddag tijdens de boswandeling zag ik een uitdrukking op haar gezicht zoals andere mensen hebben wanneer ze een kamer vol wildvreemde gasten binnenstappen. Zo moeilijk is dat voor haar. En toch doorgaan...'

Wat trekt je eigenlijk in haar aan? Zijn daar typisch autistische kenmerken bij?
'Het is moeilijk om iets te vinden dat *niet* autistisch is. Haar eerlijkheid. Ze neemt nooit een omweg. Ze kijkt heel puur naar de dingen en ook naar de mensen. Ze kan iets mooi, of lelijk, vinden om wat ze ziet. Niet om de hele cultuur die eromheen hangt. En ze heeft niets dat maar in de buurt komt van truttige vrouwelijkheid. Ze probeert het wel eens, hoor, om zich op te tutten. Maar ze kan het gewoon niet. Juist dat gebrek aan "maniertjes" trok me zo in haar aan. En dat is ook gebleven. Daar is, ook na de diagnose, niets van kapot.
Het is goed dat je dat vraagt, want als ik erover vertel, krijg ik de indruk dat ik alleen maar concrete dingen opsom die ze níet kan. En dan komt alles in een negatief daglicht.'

Waar trekken jullie je ondanks die concrete hinderpalen aan op?
'De mazzel is dat Lieselot werk heeft dat door haar autisme mooie resultaten oplevert. En ze kan het zelf regelen. Dat zijn

een stel voorwaarden die het ons makkelijker maken. Ik zou best willen zeggen dat het allemaal mijn verdienste is, maar dat klopt niet. Stel dat Lieselot telkens vastliep in een kantoorjob, elke dag opnieuw. Voor veel mensen is dat realiteit. Voor ons gelukkig niet.
Schiermonnikoog kopen. Daar dromen wij wel eens van: met ons vieren op een eiland. Of op een boot. Ik hoor dat het voor sommige gezinnen met een autistisch kind werkt. Maar die dromen zijn voor ons niet haalbaar. Laat ons realistisch blijven. Wij houden het voorlopig bij de fiets.
En misschien werken we ooit eens aan een boek over onszelf. Of liever, over haar hele familie. Lieselot zegt: het mooiste boek zou er een zijn in vier delen. Een deel over haar moeder, een over haar broer, een over haarzelf, en een deel over Sander en mij. Misschien wordt dat wel *ons* Schiermonnikoog.'

Niet helemaal hopeloos

Bijna altijd is het de eerste vraag van ouders, zeggen artsen: 'Zal mijn kind dat autisme heeft, later een intieme relatie kunnen aangaan?' Ook volwassenen met autisme willen het graag weten. Terwijl partners geneigd zijn om te zeggen dat het nagenoeg hopeloos is.

Vanuit haar ervaring met gewone paren (*) en in samenwerking met haar collega Herbert Roeyers probeerde psychologe Ann Buysse te achterhalen of je de negatieve spiraal ook bij deze paren kunt doorbreken. 'Als je het autisme als oorzaak van alle problemen ziet, ben je tegelijk hopeloos – want er is niet veel aan te doen – maar ook fatalistisch, omdat je je eigen rol niet meer ziet. De vraag is of je ook bij stellen van wie één partner autisme heeft in cirkels kunt denken, en die cirkels kunt proberen te doorbreken.'

Buysse onderwierp negen paren van wie een partner autistisch was aan dezelfde tests als de gewone proefpopulatie. Of het op langere termijn om stabiele paren ging, kon ze vanwege de korte duur van het onderzoek niet bevestigen. Wel stelde ze vast dat zowel de partners mét als die zónder autisme veel meer ontevreden bleken over hun relatie dan 'gewone' stellen.

Mannen met autisme zeiden opvallend vaak dat ze niet gelukkig waren met de seks in hun relatie. Het verschil met

(*) Zie bladzijde 102 en verder.

niet-autistische mannen bij andere paren is wetenschappelijk significant, zegt Buysse. Ze vergeleek de onderzoeksgroep ook met echtparen van wie de man aan het syndroom van Gilles de la Tourette leidt: 'Ook die mensen zijn allebei ontevreden. Maar hun ongenoegen is niet zo groot als dat van de zogenaamd autistische stellen en bovendien spitst het ongenoegen van de Tourette-man zich zeker niet op seksualiteit toe.'

Even significant is het ongenoegen van de vrouwen van autistische mannen. Zij kleuren de relatie over de hele lijn negatief in. 'Maar met "het leven in het algemeen" hebben ze nog enigszins vrede', zegt Buysse. 'Sommige vrouwen in onze onderzoeksgroep bleken nog een goed leven uitgebouwd te hebben náást hun huwelijk. Ze laden hun batterijen elders op. Eén van hen betreurde wel dat ze dat andere leven niet met haar man kon delen.'

Bovendien leiden veel partners van personen met autisme aan slapeloosheid en depressieve neigingen. Ook de personen met autisme neigen naar depressies, zegt Buysse: 'Ik kreeg sterk het idee dat zowel de partners als de personen met autisme gebaat zouden zijn bij ondersteuning, want ze hebben het behoorlijk moeilijk.'

Meer dan gewone koppels en meer dan de Tourette-koppels vervallen paren van wie één autisme heeft in het clichégedrag van de kijvende vrouw en de zwijgzame man, stelde Buysse ook vast. 'Wanneer mannen met autisme problemen uit de weg gaan, worden hun partners alsmaar veeleisender. Dat is bedreigend voor die mannen, die daarom nog meer ontwijkend gedrag gaan vertonen. Wat dan weer olie op het vuur is voor de eisende vrouwen... Een enkele partner bootste ten langen leste haar man na, en zei dat zijzelf ook de problemen uit

de weg ging: "Het heeft toch allemaal geen zin". Zo ontwikkelen paren een ontwijkende omgangsstijl tegenover elkaar.'
Zou je kunnen zeggen dat autisme een extreme vorm van mannelijk gedrag is? Ja, zegt Buysse. Want ook bij gewone stellen vertonen heel wat mannen dit voor hen typische, ontwijkende gedrag. 'Maar mannen met autisme doen dit meer dan gewone mannen. En tegelijk lokt hun meer uitgesproken mannelijke stijl van omgaan met relatieproblemen ook een meer uitgesproken vrouwelijke stijl uit. Hun partners kijven méér. Dat is verontrustend. Want onderzoek wijst uit dat partners des te ongelukkiger zijn als dat klassieke patroon van kijven en wegvluchten nadrukkelijker is. De een zegt: "Er wordt hier altijd gezeurd in huis." De ander klaagt erover dat problemen nooit opgelost raken. Ze zien geen licht aan het eind van de tunnel.'
Toch is er hoop, meent de onderzoekster. Want aan vervelende en manke communicatie binnen een relatie kun je werken. 'Je kunt het vaak niet alleen, maar met een therapeut kan het lukken', meent Buysse. 'Een therapeut die als buitenstaander naar dat stel kijkt, kan helpen om het patroon te doorbreken. Ik maak me sterk dat ook mensen met autisme dit kunnen leren.'

Anders is het gesteld met de vraag hoe partners van mensen met autisme tegen het gedrag van hun wederhelft aankijken. 'Zij geven aan dat ze zijn negatief gedrag aan de persoon met autisme toeschrijven, dat ze niet verwachten dat het ooit anders zal zijn en dat hun hele relatie erdoor beïnvloed wordt. Je zou daaruit kunnen afleiden dat ze hem ook de "schuld" van dat alles geven. Dat is nu net níet het geval. In deze relaties wordt zeer weinig schuld toegewezen, in geen van beide richtingen. Vergelijk het met de Tourette-

koppels: daar krijgt de partner met de stoornis wel veel meer schuld over zich heen.'
Wat is erger? Buysse: 'Als je denkt dat de ander schuld heeft, ga je er ook vanuit dat hij of zij nog kan veranderen. Partners van personen met autisme zien het vrij somber in: hun partner *kan* niet veranderen, menen zij, en dat klinkt behoorlijk hopeloos!'
Nog één troost: Buysse vond weinig hechtingsstoornissen bij de proefpersonen met autisme. 'Ik had verwacht dat deze mensen erg wantrouwig zouden staan tegenover intimiteit en nabijheid. Dat blijkt niet het geval. Ze waren wel ietsje vaker angstig gehecht, wat betekent dat afstand en nabijheid voor hen onduidelijke zaken zijn. Maar dat gold zeker niet voor alle proefpersonen met autisme in ons onderzoek. In zekere zin is dit een hoopgevende bevinding: als je veilig gehecht bent, kun je veel voor elkaar betekenen.'

Conclusies? Paren van wie één autisme heeft, zijn zeker niet de gelukkigste in de wereld. Ze hebben meestal een communicatieprobleem, maar daar valt volgens Buysse iets aan te doen met professionele hulp. Gezien het feit dat vooral de partners zo ongelukkig zijn, en zij zich zo tekortgedaan voelen, zal communicatietherapie alleen niet volstaan.
Moeilijker ligt immers de kwestie van de zogenaamde 'attributies', hoe ze elkaars gedrag verklaren. 'De klassieke communicatietraining, die echtparen met een takenlijstje naar huis stuurt, zal hier weinig effect sorteren', meent Buysse. Maar er zijn alternatieven, zoals systeemtherapie: 'Je kunt deze mensen helpen om hun relatie tegen het licht te houden en ze binnen een andere context te zien. Niet dat alles in één klap positief bekeken moet worden. Maar kleine stappen voorwaarts kunnen partners nieuwe hoop geven.'

'Verder geloof ik erg in de circulaire aanpak: niet langer "oorzaak" en "gevolg" aanwijzen, maar blootleggen dat twee mensen elkaars gedrag kunnen versterken. Die reactieketting moet doorbroken worden. Makkelijk zal het niet zijn: veel partners van personen met autisme geven niet hun man of vrouw, maar wel het autisme de schuld. Daar hebben zijzelf niets mee te maken, vinden zij. Dat blijft dus een moeilijke kwestie, misschien wel de negatiefste noot in dit verhaal.'

Er is ook weinig gespecialiseerde hulpverlening voorhanden, vermoedt Buysse. Autisme-experts weten weinig van hoe relaties functioneren, relatietherapeuten weten op hun beurt weinig van autisme. 'Dat is jammer, want beide partners, zowel die met als die zonder autisme, hebben recht op aangepaste hulp en steun. Het is allemaal nogal speculatief, en we willen die mensen ook niet per se bij elkaar houden als ze het zelf niet willen. Maar ze zouden wel gelukkiger en tevredener in het leven kunnen staan.'

Nuttige adressen

Vlaamse Vereniging Autisme (VVA)
Groot Begijnhof 14, 9040 Gent, België
Tel.: +32-(0)78/152.252 – fax: +32-(0)9/218.83.83
E-mail: vva@autisme-vl.be – website: vva.autisme-vl.be

Nederlandse Vereniging voor Autisme (NVA), voor mensen met een aandoening uit het spectrum van autistische stoornissen
Postbus 1367, 1400 BJ Bussum, Nederland
Tel.: +31-(0)35/693.15.57 – fax: +31-(0)35/691.62.05
E-mail: nva@worldonline.nl – website: www.autisme-nva.nl

Vlaamse Dienst Autisme
Groot Begijnhof 14, 9040 Gent, België
Tel.: +32-(0)9/238.18.18 – fax +32-(0)9/218.83.83
E-mail: vda@autisme-vl.be – website: vda.autisme-vl.be